プロローグ

「オヤジがえらい剣幕で怒ったんだよ……」

納得いかない様子で、友人が私にグチりました。彼は、お父さんに、遠慮がちにこう聞いたのだそうです。

「オヤジさぁ、いくらの生命保険をかけてるのか、教えてくれないかな？」

50代の彼は、高齢になった両親と自分の「今後のいろいろ」を考えなければならない時期になったために、親の資産や保険の内容を把握する必要性を感じていました。

そして、意を決して、質問したのです。

すると……、

「縁起でもないことを聞くな！　オレはまだまだ死なないぞ！」

お父さんは、すごい剣幕だったようです。「菅井、おかしいと思わないか。子どもにお金を残すための〝生命保険〟だろ。なのに、子どものオレがなんで金額を聞いちゃいけないいんだ？」。彼は納得がいかない様子でした。

親が「いくら」もっているか、知ってますか？

生命保険の金額にかぎらず、**「親がいくらもっているのか」**をまったく知らない子どもが、たくさんいます。親の資産内容は、ヤブの中……。

裏を返せば、**「自分がいくらもっているのか」**を子どもにまったく教えていない親がたくさんいるわけです。

子どもは、いろいろ考えます。

「親は、自分にお金を残してくれるだろうか……」

「遺産の金額によっては、子どもを私立にいかせられるかも……」

「親が亡くなったときに、葬式代は残してくれているのか……」

「親にたくさん借金があったら、どうしよう……」


じつは、親は、もっといろいろ考えています。

「この家は、長男にやろう。その代わり、生命保険は、長女と次男に残そう」

「娘の結婚資金をいまから貯めておこう」

「この家をこわして、アパートを建ててから相続しようか」

「子どもに借金は残せない。ローンだけは完済しなければ」

「子どもにお金の心配だけはかけちゃいけない」


子どもも、親も、考えているんです。お金のこと。

お父さんに、生命保険の金額をたずねた友人の気持ちはとてもよくわかります。彼にしてみれば、今後の自分たち家族にとって大きな問題だし、親の老後の生活を支えるうえでも、知っておく必要があったんです。

一方、お父さんの気持ちもわかります。突然、子どもから生命保険の金額を聞かれたら、びっくりするし、「縁起でもないことを言わないでくれ」という気持ちにもなるでしょう。

結局、その友人とお父さんは、それっきりお金の話題は「アンタッチャブル」になってしまったようです。では……、

その友人は、どうすればよかったのでしょうか？

お父さんは、どうすればよかったのでしょうか？

「お金」を考えることは、「○○」を考えること

前著『お金が貯まるのは、どっち!?』は、思いがけず、40万部を超えるベストセラーになりました。はじめて書いた本が、このようなご支持をいただき、ただただ驚くばかり。あれよあれよ……、とはこのことです。

出版社には、連日、読者の方々からたくさんのおハガキが届きました。

「家計のことは妻に任せっきりだったので、これを機に話し合うことにしました！」
「増税時代に現れた救世主のような本！　息子にも読ませます」
「数年後にマイホームを購入したいと思っています。うちは女の子ひとりに相続することになるので、将来、人に貸しやすい物件を探してあげようと気づきました」

なんともありがたい言葉の数々。そして、ふと、気づきました。多くの方々が、お金のことを考えるときに、「ある存在」をイメージしているんです。

そう、**「家族」**の存在です。

たんに「自分のお金を増やしたい」というだけではなく、夫婦の老後の暮らしのために、子どもの将来のために、お金に関する知識を深めたいと考えているんですね。

お金のことを考えることは、「家族」のことを考えることだったのです。

そんなおハガキを一枚一枚読みながら、次の本は「家族を豊かにする」ことをテーマに、お金の話をしてみたいと考えるようになりました。

日本の金融資産の3分の2を「60代以上」がもっている！

２０１４年12月末時点で、日本の家計の金融資産は、１６９４兆円もあります（日本銀行調べ）。これは過去最多の金額です。

その半分以上が預貯金です。生命保険など、貯蓄性の高いものを合わせると、約80％とも言われています。現在の国の借金（国債）は、約１０００兆円ですから、それを大きく上まわるお金が、「塩漬け」になっているわけですね。

では、だれがそんなにお金を貯め込んでいるのか？　左の図を見てください。

総務省統計局の家計調査（２０１３年）を見ると、「70歳以上」が全体の34・３％、「60代」が33・０％を保有しています。続いて、「50代」が16・7％、「40代」が11・２％、30代、20代はきわめて低い数字ですね。**「60代以上」で見ると、全体のじつに67・３％（3分の2以上！）を保有していることになります。**

￥ 個人金融資産の多くは高齢者が保有！

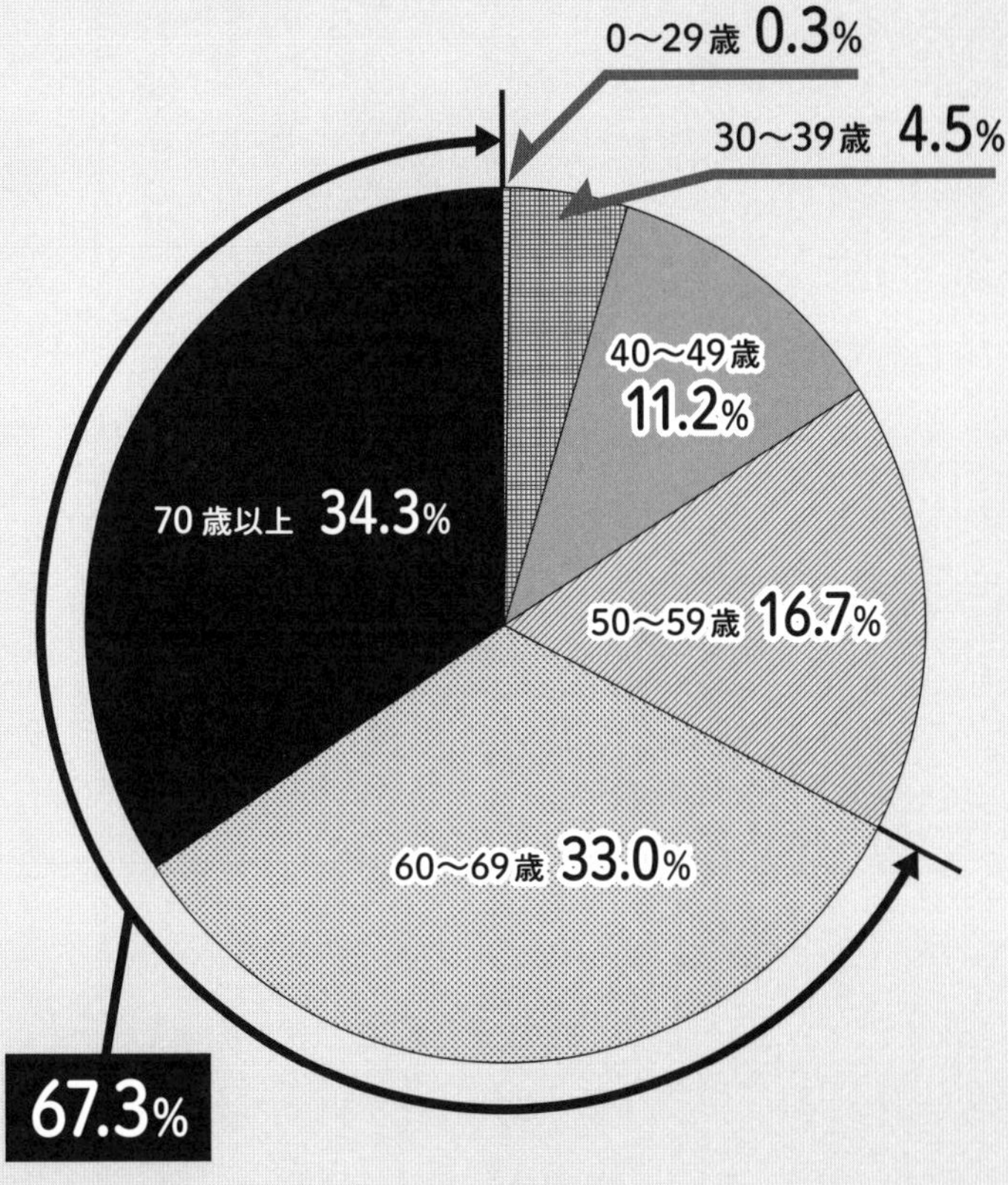

出所：総務省統計局 2013年家計調査（世帯主の年齢別）

「逆三角形」を「三角形」になおす！

つまり、お金の所在は、**「逆三角形」**になっているわけです。

大きな問題は、上の世代がお金を**「貯め込んだまま」**にしていることです。これでは、その子ども世代、さらに孫世代は、なかなか豊かになっていきませんよね。

子どもが「お金で破綻する」ことを望む親はいません。

孫となれば、なおさらでしょう。

将来的には、自分よりも子どもが、さらに孫が、より豊かになっていくようにしてあげたい。

末広がりの**「三角形」**をイメージしながら、家族とお金のことを考えていきたい。

私自身、50歳を超えて、そんな思いがますます強くなってきました。

家族が豊かになる「お金」のイメージ

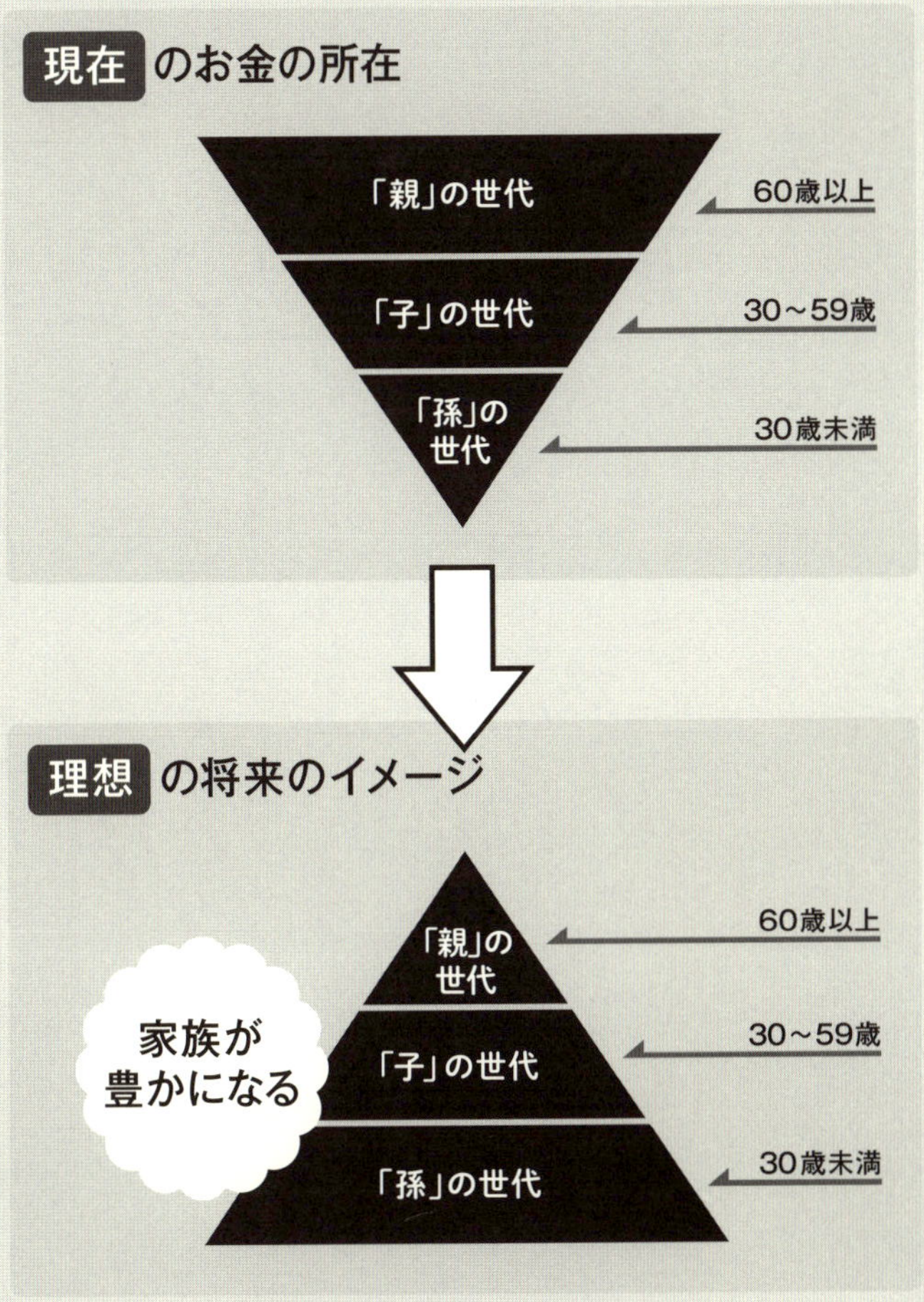

家族を「豊か」にするために、あなたがすべきことは?

政府も、下の世代にお金が流れるように、いくつかの対策を打っています。孫の教育資産を贈与すれば、ひとり1500万円まで贈与税がかからないようにしたり、子どもが家を購入する際、購入資金を援助すれば最大1500万円まで非課税にしたり。

しかし、政府に頼るだけでなく、私は一人ひとりが「家族を豊かにする」ために「できること」がたくさんあると考えています。

家族の中で、あなたにはいくつかの「役割」があるでしょう。

1「親」としての役割
2「子ども」としての役割
3「夫」、または「妻」としての役割

あなたは、「親」でもあり、「子ども」でもあり、「夫」または「妻」でもあるかもしれません。家族の中では、役割はひとつではない。いろいろな役割がある（「孫」の場合もあるでしょうね）。

この「役割ごと」の、お金の「増やし方」「守り方」があります。

それさえ知っていれば、家族は豊かになっていく。

家族が末広がりに繁栄していく「三角形」をつくることができます。

「連結」で考えると、お金は増やせる！

私は25年間、メガバンクの三井住友銀行に勤めていました。48歳で退職するまで、金沢八景支店長や中野支店長も経験させていただきました。

銀行の大きな仕事のひとつは、お金を**「貸す」**ことです。

この会社に、この人に、お金を貸しても大丈夫かを見きわめ、貸し付けの決断をします。

では、どんな会社や人に貸したいか？

たとえば、**「会社」**にお金を貸す場合、もちろん、その会社自体の収益や今後の見通しを考慮しますが、もうひとつ大切な要素があります。親会社や子会社などの状況も見て、**「連結」**で審査するんです。ようは、グループ全体を見て、お金を貸すかどうか判断するわけですね。

お金を貸す対象の会社が大きな利益を出していなくても、親会社や関連会社の調子がよければ、「回収は難しくない」と判断して、お金を貸すことがあります。

借りる会社の立場で言えば、関連会社との「連結」で銀行に判断してもらえれば、お金が「借りやすい」というわけです。お金を借りることができれば、設備投資をしたり、人材を確保したりする「資金」が手に入りますから、その会社は「成長」できる可能性が高まるわけです。

じつは、**「個人」**に貸す場合も同じです。たとえ、その人がお金を返せなくなっても、「親」に資産があれば、その資産はいずれ子どものものになる可能性が高いわけですから、回収しやすくなる。

銀行は、貸したお金が「返って」くればいいんです。だから、ちゃんと返せそうな子ども）の資産内容も関係するわけです。

この「信用」は、個人単体ではなく、グループの連結、つまり親（場合によっては、

「信用」できる人に貸す。

前著でも説明したとおり、銀行はお金を「おろす」だけの場所ではありません。住宅ローンをはじめ、お金を「借りる」場所でもあります。上手に借りることができれば、自分のお金をつかわずして、資産を増やすことができます。

さあ、家族を豊かにしよう！

「年収が低いから、将来が不安……」

「子どもには、大したお金も残してやれない……」

そんなふうに落ち込む必要はありません！

「家族がいるとお金がかかる」とよく言われますが、これは常識にとらわれた考え方

です。

げんに、私が銀行員時代におつきあいをさせていただいた資産家たちは、子の世代、孫の世代と末広がりに資産が増えていくよう、さまざまな「手」を打ち、成功していました。

この本で私がいちばんお伝えしたいこと。それは、

「家族がいるからこそ、お金は増やせる」

ということです。

家族全体のチカラを引き出せば、資産を増やすことができます。

「親」は、自分の資産を**「守り」**ましょう。

「親」は、子どもへと**「引き継ぎ」**ましょう。

「親」は、子どもがお金を増やせるように**「教育」**しましょう。

「子」は、自分の資産を**「増やし」**ましょう。

「**子**」は、親の資産に「**関心**」をもちましょう。

「**子**」は、親の資産を「**守り**」ましょう。

「**夫**」は、家計のことを妻にばかり「**任せるのをやめ**」ましょう。

「**妻**」は、妻の「**潜在能力**」を引き出しましょう。

「**稼ぐ**」チカラを身につけましょう。

そして「**みんな**」が、「**家族を豊かにする**」意識をもちましょう。


本書は、そのお手伝いを全力でするつもりです。


さて、冒頭にご紹介した、〝生命保険〟のエピソード。

友人は、どうすればお父さんを怒らせずに、「金額を聞く」ことができたのでしょうか？

お父さんは、どうすれば子どもに「お金の心配」をかけずにすんだのでしょうか？

少しずつ、ひもといていきましょう。

菅井敏之

プロローグ

親が「いくら」もっているか、知ってますか?
「お金」を考えることは、「○○」を考えること
日本の金融資産の3分の2を「60代以上」がもっている!
「逆三角形」を「三角形」になおす!
家族を「豊か」にするために、あなたがすべきことは?
「連結」で考えると、お金は増やせる!
さあ、家族を豊かにしよう!

Part 1

お金を増やす「親」は、どっち？

Part 2

お金を増やす「子ども」は、どっち？

Part 3

お金を増やす「夫婦」は、どっち？

家の美風
その箇条は様々なる中にも、
最も大切なるは家族団欒《だんらん》、
相互にかくすことなき一事なり。

――福沢諭吉

Part 1

お金を増やす「親」は、どっち？

テーマ「秘密をつくらない」

質問 1

自分の資産内容を「教える」か「教えない」か。子どものためになるのは、どっち？

「縁起でもないことを聞くな！」

プロローグでご紹介した、親子のエピソード。父親に、息子が**「生命保険の金額」**をたずねたところ、父親は怒ってしまいましたね。

子どもと「お金の話をするものではない」と考えている親はたくさんいます。保険にかぎらず、貯蓄の額も、もっている株式も、投資信託も、不動産会社に聞いた自宅の物件価値も、お金にかかわるすべての話を子どもには**「あえて」**伝えないようにしています。

私も、成人したふたりの息子の「親」なので、気持ちはわかります。

子どもにお金の心配はかけたくありませんよね。

株式投資で損をしている人は、子どもはもちろん、妻にだって知られたくないものです。私も、身におぼえがあります……。

お金があったらあったで、それを子どもたちが「アテ」にしすぎるのも教育上、よくない。だから、「内緒」にしておく。これも、気持ちはわかります。

子どもに、自分の資産内容を「教えない」理由は、いろいろです。

でも……、

これこそが問題だと私は考えています。

結論を先に言ってしまいましょう。

「家族を豊かにする」ためには、親は、子どもに、自分の資産内容をオープンにすべきです。

お金のある、なし、にかかわらずです。

子どもに「教えない」とどうなるか？

たとえ、いま、あなたが健康だとしても、将来のことはわかりません。病気になったり、突然倒れたりすることもある。そうなれば、子どもになんらかの支援を受ける可能性は高くなります。

そんなとき、あなたの経済状態を子どもがまったく知らなければ、どんな病院で、どんな施設で、どんな治療を受けさせられるのか、見当をつけることが難しいですよね。なにごとも、お金がかかります。

また、もしも、あなたが借金を抱えたまま亡くなり、その事実を子どもたちがはじめて知ったとしたらどうでしょうか。子どもからすれば、大変な問題です。

「私には借金なんてない！」と思われるかもしれません。

本当に、そうでしょうか？


住宅ローンは？

車のローンは？

教育ローンは？


もっと細かいことを言えば、携帯電話の「分割ローン」だって、借金です。

これから支払いが発生する「負債」があるとしたら、**あなたになにかあれば子どもがそれを「引き継ぐ」ことになるかもしれません。**さらに、あなたの病院の治療費やお葬式代などが加わったとしたら、子どもの生活は**「破綻する」**かもしれないのです。

あえて、とても縁起の悪い話をしましたが、私は銀行員時代にこうして「破綻」してしまった家族をたくさん見てきました。**親に「危機管理」の意識が薄いことで、子どもにしわ寄せがいってしまったのです。**

なぜ、相続で兄弟がケンカするのか？

子どもは、親にお金があっても、なくても、それを引き継ぐうえでなんらかの「対策」を立てておく必要があります。

親にお金が**「なければ、ないなりに」**、歳をとってきた親をどう支えるか子どもは考えなければなりません。親の経済状態によって、対策の立て方もかわります。

一方、資産が**「あったら、あったで」**、大変です。私の知人にこんな人がいました。その知人は、親がいくつかの場所に土地をもっていたことを、親が亡くなったあとに知りました。その土地に価値があればよかったのですが、買い手がつかずに、いまも放置したまま。

毎年、固定資産税だけを払っているんです。資産というより、負債ですね。親が生前に、その土地の資産価値を把握し、子どもに伝えていれば、こんな状況は避けられたかもしれません。

兄弟や姉妹が、相続で骨肉の争いをする。そんなケースを周りで見たことがありませんか？

じつは、これ、「親」の責任です。**生前に、自分の資産をきちっとオープンにして、「オレはこう考えている」と子どもたちに伝えておけば、争いは回避できるケースがたくさんあるんです。**天国から、子どもたちが争う姿なんて見たくありませんよね（相続については、後述します）。

子どもにお金の話はしたくない。その気持ちは、とてもよくわかります。でも、自分の資産内容をしっかり伝えることが、親の責任であり、「家族を豊かにする」ことにつながるのです。

答え

親が経済状態を子どもに「秘密」にしているのは、親にとっても、子どもにとっても大きなリスク。子どもが大人になっていれば、定期的に、自分の資産の内容や価値を伝えよう。

質問 2

子どもにお金の不安を「伝える」か「伝えない」か。老後の不安が消えるのは、どっち？

自分の「資産の内容」を子どもに伝えるために、必要なことはなにかというと、**「自分の資産内容をきちんと知っておくこと」**です。当たり前ですよね。自分がわからなければ、伝えようがありません。

でも、これ、意外にきちんと把握している人が少ないんです。

ちょっと質問しますね。

住宅ローンの残債はいくらですか？
残り何年ですか？
金利は何％ですか？
固定資産税は、毎年、いくら払っていますか？
いま、自宅を売却したら、いくらくらいですか？
車のローンの残債はいくらですか？
銀行の口座にはいくらありますか？
妻（夫）の口座にはいくらありますか？
毎月の生活費はいくらかかっていますか？

いくら？　いくら？　いくら？

もしも、あなたがこれらの質問にすっと答えられるとしたら……、もうこの本を読む必要はないかもしれません。きっと、家族の将来のこともしっかり考えているはずですから。

でも、答えに詰まるようなら、おつきあいくださいね。

あなたの「純資産」はいくらですか？

まずは、自分の**「資産」**の状況をしっかり知りましょう。資産とは、現金や預金、株式、投資信託などの**「金融資産」**、土地や家屋などの**「不動産資産」**のことです。

預貯金の総額がわからないという人、すぐに銀行に行って、記帳しましょう。

株式や投資信託の価値がわからないという人、すぐにインターネットで相場を見るか、販売会社に問い合わせましょう。「すごく下がっているから、見たくない……」という人、気持ちはわかりますが、それをやってはいけない。すぐに確認しましょう。

自宅の不動産価値がわからないという人、すぐに不動産会社に聞いてみましょう。

毎月の生活費がいくらかさっぱりわからないご主人、すぐに奥さんに確認しましょう。

それと、もうひとつ、調べてください。**「負債」**です。

負債とは、かんたんに言えば「借金」のことですね。住宅ローン、自動車ローン、カードローンやキャッシング、携帯電話のローンなどです。

住宅ローンの残債を確認するだけで、「えっ！　まだ、こんなに残ってるの⁉」と驚くかもしれません。

「自分は借金なんてない！」と思っている人、要注意です。意外にあるものですよ。

こうして、「資産」と「負債」がわかったら、資産から負債を引いてください。これが、あなたの**「純資産」**です。

資産－負債＝純資産

きっと、ここまでを読みながら、あなたの頭の中には資産と負債の項目がうずまき、タカタカと電卓が叩かれているはずです。

さて、あなたの「純資産」はいくらだったでしょうか？

「こんなにあったのか！」という人も、「これしかないのか！」という人も、「やっぱりこれだけか……」という人も、まずは、こうして自分の経済状態を把握することが大切です。

これがわかれば、今後、自分に**「なにが必要か」**が見えてくるし、子どもに**「なにを残せて」「なにを残せないか」**もわかります。


将来的には、子どもに面倒を見てもらわなければいけないかもしれません。施設に入るにしても、自宅で介護してもらうにしても、なにかしら子どもに頼る必要があります。

将来は、だれにとっても不安なもの。とくに、年に数回しか連絡してこないような子どもだったら、だれをアテにしたらいいか心配でしょう。

ならば、なおさら自分の経済状態を子どもに伝えて、**「いざとなったらお願いね」**としておかないと、その不安は消えません。

おそらく、多くの親たちは、子どもに遠慮しているのではないでしょうか。でも、**子どもの立場からすれば、「突然」お金が必要になるのが、いちばん困るんです。**子どもにも「準備」が必要です。お金は、急には降ってきませんから。子どもだって、親の実情を知りたいんです。

家族を思うのなら、まずは自分の経済状態をきちんと把握し、今後の希望や不安を整理し、子どもに伝えてください。お互いが**「わからないまま」**になっていることが、最もキケンです。

答え

まずは、自分の「経済状態」を把握しよう。資産を調べ、負債を調べる。「資産－負債」で「純資産」がわかったら、それを子どもに伝える。自分がなにを不安に思っているのか、今後どうしたいのか、話をしてみよう。

質問 3

エンディングノートは「若いとき」に書くか、「死に際」に書くか。人生が豊かになるのは、どっち？

子どもに、自分の経済状態や今後やりたいことを、どうやって伝えればいいのか。とっておきの方法をお教えしましょう。**「エンディングノート」**を活用するんです。

エンディングノートというと、高齢者が人生を終えるときに備えて書くもの、というイメージがあるかもしれませんが、まだまだ若いうちに活用したっていいんです。

54歳の私も、積極的に活用しています。もっと若い人からすると「若い」って思わないかもしれませんが、若いんですよ、54歳って！

さて、いろいろな種類のエンディングノートがありますが、**たいていは「預金」や「保険」、「不動産」などの資産を書く項目があります。**ここに現状の金額を記入するんです。

病気になったとき、介護が必要になったときの対応、葬儀の希望などを書くページもありますから、**「自分の考えを整理する」**のにもちょうどいいはずです。

これらを記入し、子どもに実際に見せながら、説明します。親の預金額や保険の内容、不動産の価値について、子どもは細かく聞きにくいものです。かといって、子どもの立場からすると、「純資産の総額」だけを教えられても、その内訳がわからないと実態が見えてきません。

ですから、エンディングノートをつかって、親がみずから細かな項目を伝えていくわけです。資産内容に変化があれば、その都度書き直していけばいいでしょう。

自分史を書いたり、家系図をつくったりするページもあるので、自分の人生を振り返りながら、楽しみながら書いてください。

書店や文房具店、いまならインターネットでもかんたんに購入することができます。

じつは、子どもこそ書くべき！

ここまで「親」に向かってお話をしてきましたが、あなたは「子ども」でもある。「子ども」としての役割については、次章でくわしくお話をしますが、ここでちょっとだけフライングしておきますね。

エンディングノート、じつは「子ども」こそ活用してほしいんです。

「親がいくらもっているかわからない」というのは、子どもの大きな悩みでもあります。親の経済状態がわからなければ、高齢になっていく親を支えるために、自分がどんな準備をすべきなのか見当をつけにくいし、いくらのお金が必要になるのかもわかりません。

自分の妻（夫）や子ども、そして親を支え、豊かにしていくためにも、親の経済状態を知っておきたいというのが、多くの「子ども」の思いでもあります。

これを解消するために、**みずからエンディングノートを書いて「資産」や「考えていること」をまとめ、親に見せて、それを機に親にも書いてもらうわけです。**

実際、私の知人にはこうして親の資産の内容を把握した人がたくさんいます。

あなたが、40歳であれば、ご両親は65〜70歳くらいでしょうか。50歳なら、75〜80歳あたりでしょうか。もっと高齢のご両親をおもちの人もいるでしょう。

ご両親がこの本を読んでくださっていれば話は別ですが、そうでもないかぎり、いきなり「オヤジ、ちょっとエンディングノート書いてよ」と言って資産を聞き出そうとしたところで、親は不信に思うだけです。たまにしか連絡してこない息子や娘に言われたら、なおさら疑いたくもなるでしょう。

そこで、まずは子どもみずから、エンディングノートを書きます。「オレももう50を過ぎたから、いつどうなるかわからないじゃない。最近、友だちも亡くなったりしたから、オレもエンディングノートを書いてみたんだよね」と言いながら、親に見せます。

親からすれば、自分の子どもがエンディングノートを書いてきたら、「まだ若いこいつが書いたのか」とギョッとしますよね。「自分も書かなきゃ！」という気持ちになるのではないでしょうか。

自分の誕生日にエンディングノートを見せて、「産んでくれてありがとう」「これまで育ててくれてありがとう」といった感謝を伝えれば、「そんなオレも、もうこんなものを書く歳になっちゃったんだよ」と切り出しやすいと思います。

それでも親が面倒そうであれば、**代わりに書いてあげてもいいでしょう。「資産」の項目は最後にして、まずは親のヒストリーを聞いてください。**新聞記者になったつもりで、取材するんです。話を聞いて、それを記入していくわけですね。

じつは、これ、最高の親孝行です。親からすれば、自分の過去の栄光や苦労話を子どもに聴いてもらえるのは、とてもうれしいことです。

子どもからしても、意外と知らない親のライフストーリーを知ることができるので、とってもおもしろいはずです。「私をそんなに大切にしてくれていたのか」とあらためて知って感動するかもしれません。

その結果として、親の経済状態も知ることができれば、家族みんなのために、今後の準備や対策をしっかりできます。

「親」も「子」も、積極的にエンディングノートを活用して、コミュニケーションをとってみてください。

答え

50歳を超えたら、エンディングノートを書く。親も子もお互いに書いて、見せ合いながら資産の内容をオープンにすることで、助け合ったり、将来のために準備したりできる。

質問4

親子が、「同じ銀行」をつかうか、「ちがう銀行」をつかうか。資産が増えるのは、どっち？

前著『お金が貯まるのは、どっち!?』で、口座をひらくなら、メガバンクよりも地元の**「信用金庫」**のほうがいいと述べました。

理由は、信用金庫のほうが、**お金を借りやすいからです。**

家を購入するときの住宅ローンであっても、独立して新しい事業を開始するための融資であっても、地元の信用金庫のほうが親身になって相談にのってくれます。メガバンクでは、なかなかそうはいきません。

信用金庫と取引をして、コツコツと「信用」を積み立てていくほうが、個人は資産を増やしやすいんです。

この話は、大きな反響を呼びました。

多くの読者の方が、「銀行の選び方なんて教わったことなかった！」「さっそく信用金庫に口座をつくりました！」と。

そんな中で、こんな質問もいただきました。

「地方銀行ではダメですか？」

近所に信用金庫がない、という人なのでしょう。私の答えは、「ＯＫ」です。地方銀行も、地域に根ざしているという点では、信用金庫に近い性格をもっています。メガバンクよりも、親身になってくれる可能性は高いでしょう。

ただ、地方銀行よりも信用金庫のほうが、いわゆる〝情け〟や〝つながり〟を大事にする**「村の論理」**が働きやすい。そのため、「信用金庫か、地方銀行か、どっち？」とたずねられたら、私は信用金庫をおすすめします。

「親と子と銀行」の意外なカンケイ

さて、信用金庫（または、地方銀行）に口座を開き、コツコツと「信用」を高める準備が整ったら、「親」は次に考えなければならないことがあります。**「子ども」にも、同じ信用金庫に口座をつくらせるのです。**

あなたの周囲に、地元で商売をしている友人がいませんか？　ひとりやふたりは顔が思い浮かぶかもしれませんね。その友人は、「地元」で商売をしているわけですから、地域に密着した銀行からお金を借りている可能性が高いですよね。つまり、信用金庫です。地方銀行やＪＡバンクの場合もあるかもしれません。ここでは仮に、**「A信用金庫」**としましょう。

その彼は、A信用金庫に口座をつくり、そこの担当者とつきあい、信用を積み重ね、お金を借りているわけです。銀行とのつきあいが長ければ長いほど、彼の信用は高まっているはずです。

この場合、彼の息子さんは、どの銀行に口座をつくるべきでしょうか？

そう、言うまでもなく、親と同じA信用金庫です。だって、**親の信用をそのまま「引き継ぐ」ことができるのですから。**

前にも書いたとおり、銀行は**「連結」**で見ています。

その息子さんが仮に成人したばかりで、ほとんど預金がなかったとしても、親が長年銀行とつきあっていれば、その親の信用が、息子さんの信用につながるわけです。

銀行側からすれば、どこのだれかもわからない人よりも、**「あぁ、○○さんの息子さんですか」**というほうが、圧倒的に大切にしてくれます。

とくに信用金庫は、そういう「つながり」を大切にしています。その人の家族、資産背景などが見えれば、安心してお金を貸してくれるでしょう。

これは商売をしている人にかぎった話ではありません。たとえば、あなたに2000万円の退職金が入り、これを信用金庫に預けたとしましょう。子どもがその銀行に口座をつくれば、子どもはあなたの「2000万円の現預金」という信用を得られるわけです。

銀行は、**「家族合算ベース」**で信用できるかどうかを判断してくれます。子どもがお金を借りるときには、「低い金利」を適用してくれるかもしれません。

あなたが、ある銀行でせっかく信用を積み重ねても、子どもがまったく別の銀行に口座をつくってしまったら、子どもは「ゼロ」から信用をつくらなければなりません。

「あえて」そうしようという親もいるでしょう。それもひとつの考え方です。ただ、多くの場合は、子どもがどの銀行に口座を開いているのか、知ろうとすらしていません。元銀行員の立場からすると、なんてもったいない！　と思ってしまいます。

もし、子どもが生まれたばかりの夫婦が、子どもが成人するまでの20年間、信用金庫との関係を深めたのなら、この「20年間の信用」を子どもに引き継がせない手はありません。

資産家の多くは、子どもが小さいうちから、自分と同じ銀行に口座をつくり、子どもの口座に積み立てをしながら、自分と子ども、両方の信用を積み重ねていきます。

子どもがある程度の年齢に達したら、銀行の担当者に紹介し、「息子（娘）のこともよろしくお願いします」とあいさつに行くのです。子どもには、銀行とのリレーションのつくり方を早くから教えておく。これが、いわゆる**「お金の帝王学」**の基礎です。「親」は、自分がつくった信用を「子ども」に引き継ぐ。そのためにも、子どもがどの銀行に口座をつくるべきか、目を配っておきましょう。

答え

親の信用を子どもに「引き継ぐ」ために、親子で同じ銀行に口座をつくる。親は、子どもに早くから銀行とのつきあい方を教えよう。

質問 5

子どもたちへの遺産相続。
自分の「面倒を見た子」に
多くあげるか、
「均等」か、どっち？

高齢になってくると、「遺産相続」を考える必要があります。子どもがひとりの場合は、まだわかりやすいですが、何人かいる場合は、どうやって分けるか、思案のしどころです。**子どもたち兄弟が「取り分」をめぐって、争う。**親なら、そんな様子を見たくありませんし、兄弟、姉妹がずっと仲良くいてほしいと願うものです。

私は銀行員時代、遺産相続の現場に立ち会い、目の前で相続人の兄弟たちが争う現場をなん度も目にしました。ご両親のことを思うと、こちらまでいたたまれない気持ちになったのを覚えています。

血みどろの相続争い勃発！

たとえば、父親の賃貸マンションの近くに住む**「姉」**（子どもはいない）と、遠くに離れて暮らす**「弟」**（子どもが3人いる）のケースを考えてみましょう。母親はすでに他界しているとします。姉は父親の家の近所にいて、父親は病気がちのために、週に3回、車で病院への送り迎えをしている。やがて介護が必要になり、より一層、その世話に時間をつかうようになります。

一方、離れて暮らす弟はというと、父親の世話は姉に任せっきり。お正月休みだけは家族を連れて顔を出すものの、「姉さん、よろしく」と言ってすぐ帰ってしまう。

そうこうしているうちに、父親が亡くなります。父親の残したものは、3000万円の金融資産だとしましょう。

相続人は、姉と弟。さて、あなたがこの「姉」の立場なら、なにを思うでしょうか？

「父の面倒をずっと見てきたのは私なんだから、弟よりもたくさんもらうのが当たり前」。そういう気持ちになって当然ですよね。

一方、弟は、そんな姉の気持ちを察しつつも、「でも、うちには子どもが3人いて、すごく金がかかるんだよ」と思っているかもしれません。法律上は、弟も「2分の1」をもらえる権利があります。

姉からすれば「私が世話をしたのに」という思いが強い。

弟は「法律的には2分の1をもらう権利がある！」と主張する。

「なに言ってんのよ。父さんの下の世話までやったのは、だれだと思ってんの‼」

こうして、姉弟で血みどろの相続争いが勃発します。

感情的には姉に味方したくなりますが、法律的にはそうでない以上、なかなか難しい状況なわけです。

相続争いは「親」の責任⁉

では、姉と弟は、どうすれば争わずにすんだのでしょうか？

親（このケースでは父親）は、子どもたちが争わないように、生きているうちに「対策」をとっておくべきです。

この場合、父親は、娘が自分の面倒を見てくれたわけですから、娘にそのお礼はしっかりしたい。一方、息子も子どもが３人いるから助けてやりたい。そんな気持ちがあるでしょう。

そこで、娘が自分の面倒を見てくれた分を「その都度」支払うようにするのです。これは「遺産の前払い」という意味合いです。

たとえば、病院の送り迎えをしてくれたら「ガソリン代として５０００円」、または「医療費＋付き添い代として１万円」。介護については「介護用品代として月に２

万円」。これらは実際にかかる経費より、もちろん多い金額です。

姉は「その都度」もらうことになります。

ただし、これらの遺産の前払いは「**特別受益**」といって、法的には、将来姉が相続する際に、この分を減額されてしまいます。これでは、姉は得をしません。

そこで、親は遺言書に「**相続の際、特別受益を考慮してはならない**」と意思表示をしておくのです。これによって姉への前払い分は認められる可能性が高まります（くわしくは、かならず弁護士に確認してください）。

さらに大切なことは、これらをすべて「記録」して、弟にも開示することです。

たとえばお正月に、娘と息子に向かって、「こういう方針でいく」ことを納得させます。そして、娘のしてくれる「なにに」「いくら」払おうと思っているかを話す。娘からすれば、「父は自分の気持ちを考えてくれているんだ」となるし、息子も「姉さんがオヤジの面倒を見ているんだから、当然だよね」と納得してくれるはずです。

毎年、お正月にその記録を娘はもちろん、息子にも開示する。「今年は、こうだったよ」と。半年に1度でもいいかもしれません。

そして、**自分が亡くなったときの遺産分配は、姉、弟で「半分ずつ」と決めるんです。**当初3000万円あった父親の金融資産は、長年におよぶ娘の病院への付き添い代や介護用品代で300万円減って、2700万円になったとします。これを半分の「1350万円ずつ」相続させるようにするわけです。こうすれば、子どもたちふたりがもめることもないし、納得して相続してくれることでしょう。

ポイントは、医療や介護記録をきちっとつけ、その都度、面倒を見てくれた娘に、「遺産の前払い」としてこづかいを渡すこと。その情報を息子にもオープンにすること。そんな対策をとっておけば、自分が亡くなったあとに、子どもたちが骨肉の争いをすることは、避けられるのではないでしょうか。

答え

自分の面倒を見てくれる子どもには、「その都度」支払いをする。ほかの兄弟姉妹にもそれを開示。いざ、相続のときには「均等」に分けるようにする。

質問6

将来の夢は、「ピアニスト」か「レジの人」か。お金もちになる子どもは、どっち？

先ほど「子どもに、銀行での親の信用を引き継がせる」という話をしましたが、私は「子どもを甘やかせ」と言っているのではありません。

むしろ、その逆で、子どもが将来、自立して稼げるようになるために、**「お金の教育をきちっとしなければいけない」**と考えています。

ただ、お金の教育といっても、一般的な会社員のそれとは、少しちがうかもしれません。

資産家や経営者たちが、子どもに教える「お金の帝王学」の中には、子どもの未来を明るくする、多くのヒントが隠されています。

ここからは、**子どもが「小さい」うちから、親はなにを教えればいいのか、**を考えていこうと思います。

給料をもらう人、払う人

お金について、子どもには、つぎの3つを教えなくてはいけません。

1 お金の「稼ぎ方」
2 お金の「管理の仕方」
3 お金の「価値」

節約してお金を貯めようにも、収入自体が少なければ、豊かにはなれません。逆に、いくら稼いでも、管理をおこたってつかってしまえば資産は増えません。なにより、お金の価値そのものを理解していないと、豊かな人生にはならないでしょう。

この項では、まず、1の「稼ぎ方」についてお話をします。

もしも、レストランで「お金の教育」をするとしたら

たとえば、小学5年生の息子さんとファミリーレストランに行ったとします。よくあるシーンですよね。息子さんと一緒に、店内を「観察」しながら、「質問」をしてみましょう。

「ウェイトレスさんは、何人いる？」

えーと、３人……かな。

「そうだね。一人ひとりの時給が１０００円だとしたら、１時間でいくら？」

３人だから、３０００円。

「じゃあ、いま、お客さんは何人いる？」

いち、にー、さん……、全部で10人。

「ひとりが１０００円ずつ払ったとしたら、全部でいくら？」

10×１０００だから、１万円。

「そう。お客さんがお店にいる時間が1時間だとすると、お店はいくら儲かる？」

１万円－３０００円で、７０００円。

こんなやりとりをしながら、最後に、こう聞いてみましょう。

「3人のウェイトレスさんは、1時間働いて、それぞれ1000円もらえるよね。それでも、お店には7000円残る。**この7000円は、だれがもらえるのかな？**」

えーと、社長？

「そう！　正解！」

「目に見えない存在」を教えるのが帝王学

実際は、料理をつくる人、店舗の家賃、光熱費、材料費などいろいろなコストがかかるでしょうが、ここではあえて話を単純化しました。

飲食店に行くと、子どもの目に見えるのは、料理をつくる人や運ぶ人、レジの人です。幼いお子さんは「レジの人」が大好き。将来は、「レジの人になりたい！」と言う子も多いですよね。

ほとんどの子どもの将来の夢は、「目に見える存在」です。野球選手だったり、ピアニストだったり、料理をつくる人だったり、レジの人だったり。

もちろん、まったく悪いことではありません。むしろ、子どもの夢を叶えたい。ただ、資産家や経営者たちが、帝王学としてお金の教育をする場合、「もうひとつの存在」を教え、選択肢を広げます。

それこそが、**「目に見えない存在」**。先ほどのレストランの例で言えば、お店の中にはいないけれど、最も多くのお金を手にすることになる、**「社長」**の存在です。

もうひとつ、例を出しましょう。子どもと一緒にコンビニに入ったら、こんな質問をしてみるんです。

「あの人はアルバイトさんだね。あの人に給料を払っているのは、店長。じゃあ、店長にお金を払っているのは？」

または、こんな質問。

「このコンビニの上は、ビルだよね。っていうことは、このコンビニは、〝家賃〟を払って、ここでお店をひらいている。じゃあ、その家賃はだれがもらっているんだろう?」

店には**「経営者」**がいます。

ビルには**「オーナー」**がいます。

その人たちの存在は、子どもの目には見えません。いえ、子どもだけではなく、じつは多くの大人たちにも、その存在は見えていないかもしれません。最も富を得ているのは、そんな「目に見えない人たち」です。

その存在を親が認識し、子に伝え、想像力をやしなう。これこそが、「お金の帝王学」の基本です。

あなたには、「目に見えない存在」のことが見えているでしょうか?

子どもに、その存在を伝えることができるでしょうか?

「給料をもらう人」や「家賃を払う人」以外の選択肢を子どもに与えなければ、子どもが富を手にすることはできません。

会社をつくる人
給料を払う人
家賃をもらう人

そんな人たちの存在を、子どもに伝えてみてはいかがでしょうか。じつは、そんな「目に見えない存在」の人たちからは、こちらのことが「丸見え」なんです……。

答え

子どもには、「ピアニスト」や「レジの人」のような「目に見える人」だけでなく、「目に見えない人」の存在を教えよう。富を得ているのは経営者やオーナー。彼らの存在を教え、将来の選択肢を広げるのが「帝王学」。

質問 7

おこづかいは「月1回」か、「必要なときに」渡すか。子どものためになるのは、どっち？

1849年ごろ、アメリカのカリフォルニア州サクラメントは、ゴールドラッシュでわき返っていました。金の採掘で一攫千金を夢見て、全米から多くの人が集まってきたのです。でも、実際に金を掘り当てた人よりもお金を稼いだ人たちがいます。

多くの採掘者たちには**「ある困りごと」**がありました。金の採掘は、自然の中での重労働。**はげしい作業のため、ズボンが破れてしまうのです。**

そんな様子を見ていたひとりは、採掘者のために**「破れにくい丈夫なズボン」**を開発しました。それは、金の採掘者だけでなく、作業用のズボンとして、多くの「働く人」たちに大評判になりました。

これがリーバイスのジーンズの始まりです。その後、リーバイスは世界的な企業に成長しました。

じつは、私の祖父も同じようなことをして財を築きました。

当時の山形県では、「養蚕《ようさん》事業」がブームでした。みんながこぞって養蚕事業に乗り出しましたが、養蚕の「資材」が足りないことに悩んでいました。

そこで、祖父は養蚕をするための資材を調達し、それを貸し出す事業をはじめ、成功をおさめました。

豊かになった人の「共通点」とは？

豊かになった人には、ある共通点があります。

人の**「悩み」**を解決したんです。

ズボンが破れる……。

資材が足りない……。

洗濯がめんどう……。

足が痛くて買い物に行けない……。

やせたい……。

人にはいろいろな「悩み」がありますよね。**豊かになった人は、この「悩み（問題）」を発見し、その解決策を提供したわけですね。**

人の悩みを解決し、豊かになり、さらに人の悩みを解決していく。そんな仕事ができれば、お金の面だけではなく、心まで豊かになります。

困っていることを解決したら、おこづかいをあげる

子どもに「おこづかい」を、いくら、どんなペースで渡すかについては、各家庭でいろいろな考え方があるはずです。

月に1回1000円を渡す家庭もあるし、必要なときだけ渡す家庭もある。子どもが高校、大学となってくれば、おこづかいは渡さず、「バイトしなさい」という家庭も多いでしょうし、「仕送り」という名のおこづかいをあげている家庭もあるでしょう。

私がひとつ提案したいのは、**子どもに、人の「悩み」を発見し、「解決する」ことで、「お金がもらえる」ということを教える方法です。**

子どもが小さければ、たとえば「なんでも解決マン！」「お掃除会社の○○」といった名刺を手づくりしてもたせ、家族の悩みを解決したら、おこづかいをあげるんです。

まずは、家族の「悩み」を発見させる。

「お母さん、困ってることない？　私が助けてあげる！」「おばあちゃん、ぼく〝な

んでも解決マン〟になったんだ。解決してほしいことがあったら教えて！」という具合に、家族にヒアリングさせるんです。

キッチン台が低くて、お母さんの腰が痛くなる……。おばあちゃんが、買い物に行くのがおっくう……。そんな「悩み」を発見させるわけですね。

つぎに、「解決する」ための方法を考えさせます。

腰が痛いお母さんのために、皿洗いを代わってやったり、風呂掃除を2日に1回やる。おばあちゃんの代わりに、週に1回、買い物に行く。

そんな解決策を「実行」してくれたら、おこづかいをあげるんです。

もちろん、なにに対しておこづかいをあげるべきか、あげないべきか、はそれぞれの家庭の考え方があるので、読者にゆだねます。子どもに「悩み発見↓解決↓お金がもらえる」ことを教えるために、家庭内でどんな方針にするかを話し合っておくといいでしょう。

こんな習慣を続けることで、お子さんは将来、多くの主婦のための「家事代行サービス」の会社を起業したり、高齢者のための「宅配サービス」の会社をつくったりするかもしれません。

高校生や大学生のお子さんの場合、アルバイトをするケースが多いでしょう。こんなときは、働き先を「時給で選ぶ」のではなくて、お客さんの様子やビジネスの仕組みが学べそうな環境をすすめてあげてはいかがでしょうか。

お客さんのニーズや悩み、問題を発見できて、解決策をみずから考えられるような環境。経営者の顔が見えて、ビジネスの仕組みを勉強できそうな環境。そんな働き先でアルバイトをすれば、将来にきっと役立つはずです。

こうして大人になってからも「なんでも解決マン！」を続けていたら、素敵だなぁ。

答え

おこづかいは、人の悩みや困ったことを解決したときに渡す。子どものうちから「なんでも解決マン！」に育てれば、ビジネスのセンスをやしなえる。

質問 8

学校で必要なモノは、「親」がお金を出すか、「おこづかい」から買わせるか、どっち？

先ほど、子どもにはつぎの3つを教えないといけない、とお話をしました。
もう一度、書いておきます。

1 お金の「稼ぎ方」
2 お金の「管理の仕方」
3 お金の「価値」

ここでは、2の「管理の仕方」についてお話をしますね。子どもにお金を管理する力をやしなわせるためには、**「あるもの」**をつかうととても効果的です。なにかわかりますか？

ある日、私の経営する喫茶店に、近所に住む、資産家の奥さまと娘さんがやってきました。娘さんは、小学3年生くらいだと思います。
席に座ると、娘さんはバッグからあるものを取り出しました。**「おこづかい帳」**です。ぱっと開くと、こう言いながら書き出しました。

「えーと、130円……と」

おそらくジュースかなにかを買ったのでしょう。買い物の金額を、慣れた様子で記入しています。

彼女のお母さんは、その様子をやさしく見守っていました。

その光景を見たとき、**やはりお金もちは、お金を「管理する」大切さを代々伝えているのだと感じ入りました。**

お金を管理することは、生きていくうえできわめて大切なスキルだとわかっているのです。

「3つの項目」に分けなさい！

たとえば、1か月のおこづかいが「2000円」だとしましょう。

その2000円をどのようにつかうか、おこづかい帳をつかって計画を立てます。

このとき、大きく「3つの項目」に分けさせましょう。

①すぐ必要なモノ
②すぐ欲しいモノ
③いつか欲しいモノ

①の**「すぐ必要なモノ」**とは、たとえば、消しゴムやノート、鉛筆など。学校や塾での勉強で、必要なモノですね。

こういうモノは、親が買い与えてしまいがちですが、「なにに、どのくらい」つかっているかを「知る」ことが、お金の管理の基本です。

ですから、**本人が「自分で買う」のがおすすめです。**

親はあらかじめ、その予算額に見当をつけ、その分はあえて「おこづかい」として上乗せしておくといいでしょう。

「すぐ必要なモノ」にかかるお金は、会社で言えば「経費」にあたる支出です。「自分で買わせる」ことによって、生きていくうえでかならず「経費がかかる」のを教えることができます。

つぎに、②の**「すぐ欲しいモノ」**は、お菓子やジュースなど、安くていますぐ買えるモノです。この項目では、最初から**「計画性」の大切さを教えます**。たとえば、2000円のおこづかいのうち、最初から「1000円をこれに当てる」と決めさせます。

1か月で1000円ということは、1週間でつかえるお金は約250円ですね。最初の週に300円つかってしまうと、あとあと苦しくなる。100円しかつかわないと、あとあとラクになるし、**「余る」**ということを経験させることもできます。

そして、③の**「いつか欲しいモノ」**は、ゲームやぬいぐるみなど、欲しいけれど、かならずしも必要ではないモノ。**子どもにとっては、高価なモノです**。いますぐには買えないから、貯金をして買いたいモノですね。

この項目をつくることで、**目標を立てて「貯金する力」を育てます**。半年後に3000円のゲームが欲しければ、毎月500円ずつ貯めなければいけませんよね。目標を立てて、計画どおりに貯金させるんです。

②の「すぐ欲しいモノ」を少しがまんして「余り」を貯金にまわすことで、「いつか欲しいモノ」が早く手に入る、ということも教えることができます。

おこづかい帳の3つの項目

◎ たとえば、1か月のおこづかいが2000円の場合。
まずは、①②③それぞれの予算を決めることが大切。

4月

	月/日	ことがら	つかったお金	のこったお金	
①	4/1	**すぐ必要なモノ**		500円	予算
	4/5	えんぴつ	100円	400円	
	4/12	けしゴム	100円	300円	「経費」を学ぶ
	4/20	ノート	120円	180円	
②	4/1	**すぐ欲しいモノ**		1000円	予算
	4/2	おかし	100円	900円	
	4/6	ジュース	130円	770円	
	4/10	ガチャガチャ	200円	570円	「計画性」を学ぶ
	4/17	おかし	100円	470円	
	4/25	マンガ	430円	40円	
③	4/1	**いつか欲しいモノ**		500円	予算 「貯金」を学ぶ
	合計			**720円**	今月の貯金

親はよく**「大事に貯金しておきなさい」**と言います。でも、これでは、なんのために、いくらずつ、どのくらいの期間、貯めればいいのかを考える力が身につきません。「おこづかい帳」に書く3つの項目によって、**「経費」「計画性」「貯金」**の大切さを教えてください。

おこづかいの金額を「決めない」とどうなるか

ここまで読んで、あなたはこんなふうに感じたかもしれません。「この著者は、おこづかいをあげるより、家族の〝困ったこと〟を解決するごとに対価をあげたほうがいい、と言っていたじゃないか」。

そうです。困ったことを解決するたびに、おこづかいをあげて、「なんでも解決マン！」になってくれたらうれしい。では、この方法をとると、どうなるか？

毎月の「おこづかいの金額」が、ばらつきます。

「毎月2000円」と決めてあげると、子どもからすれば、「なにもしなくても」お金がもらえるのが当たり前になります。これは、給料を「もらう人」の発想です。

でも、**自分が「解決した」対価としてお金をもらうということは、その月の自分の「働きしだい」で収入が変わるわけです。**1000円の月もあるかもしれないけれど、3000円の月だってある。経営者とは、そんなプレッシャーと闘う仕事です。

そんな経験を小さいうちからさせておけば、**お金を「稼ぐ力」と「管理する力」の両方が大切であることを、身をもって「練習」させることができます。**1000円だけは「おこづかい」としてあげて、「なんでも解決マン！」の仕事しだいで、それにプラスして「その都度」あげてもいいかもしれませんね。

おこづかい帳を、そんな練習の道具として活用してみてください。

答え

学校で必要なモノも「子ども本人」に買わせる。おこづかい帳に「すぐ必要なモノ」「すぐ欲しいモノ」「いつか欲しいモノ」の3項目をつけさせて、経費、計画性、貯金の大切さを教える。

質問 9

もたせるのは、「現金」か「電子マネー」か。お金の「練習」になるのは、どっち？

ここまで、「稼ぐ力」と「管理する力」を、子どもにどうやって教えるかを見てきました。

そして最後に、もうひとつ。

お金の**「価値」**の教え方です。

「給食費」の払い方

お子さんが小学生の場合、「給食費」がかかりますよね。この給食費の支払い、ほとんどの学校が**「銀行振込」**か**「自動引き落とし」**にしているはずです。

月1500円だとすると、毎月決まった期日に、指定の口座に**「親が」**1500円を振り込むか、口座から自動的に引き落とされるかのどちらかでしょう。

すると、どうか。

子どもは「1500円」という金額自体は知っていても、「お金を払う」現場を見ていません。**これでは、お金を払ってくれる親に感謝する気持ちは芽生えない。給食費は「親が払って当たり前」のモノになってしまいます。**

お金そのものには「価値」はありません。1000円でも、1万円でも、そのもの自体はただの「紙」にすぎない。

人が一生懸命働き、その対価としていただくからこそ、お金には「価値」があるのです。

お父さんやお母さんが必死に働き、頭をつかい、手にしたお金。

そして、そのお金を、食材や食事をつくってくれた人たちに「給食費」として渡す。

みんなが一生懸命働いた結果として、「お金のやりとり」がされている、ということを子どもに教えなければいけません。

子どもには、振り込む前に、「1500円」という現金を見せましょう。そして、こう説明してみてください。

「このお金が、キミの1か月の給食費だよ。お父さんとお母さんが働いてもらったお金を、今度は、料理を一生懸命つくってくれている人たちに、お渡しするんだ」

説明をつけながら、「現金」そのものを見せることで、子どもに「リアリティ」をもたせるんです。


「親が払うのが当然」

「もらって当然」


と思わせないためです。


これはなにも給食費にかぎったことではありません。

たとえば、大学の学費。

50万円なら50万円。自宅で子どもに現金を渡して、

「これがお前の学費だ。これから振り込むから50万円あるか数えてみてくれ」

と言って、**実際に数えさせてみてください。**そんな大金、さわったことがないでしょうから、その体験によって子どもはお金の「重み」を知ってくれるでしょう。

電子マネーは便利だけれど……

最近では、あらゆるところで電子マネーがつかえるようになりました。ある程度のお金をチャージしておき、子どもには現金ではなく電子マネーをもたせる親も多いかもしれません。

たしかに電子マネーは便利ですし、安心して子どもにもたせることができますよね。でも、これによってお金の「リアリティ」が薄れてきているのではないでしょうか。電子マネーをもっていれば、かんたんに電車に乗ることができるし、自動販売機でジュースを買うこともできます。コンビニでも好きなものを買える。そして、**そのお金は、自分ではなく、親が定期的にチャージしてくれます。**

これでは、**「払ってもらって当たり前」**と子どもが思うのも当然です。

子どもには現金をもたせて、なにに、いくら、つかっているのかを自分のこととして認識させてはいかがでしょうか。さらに、おこづかい帳をつけさせることで、リアリティは増すはずです。

お金は、大人たちが一生懸命働いた結果、手にしたもの。
そして、働いてくれる人に感謝をこめて渡すもの。
こうしたお金の本当の「価値」を伝えてあげたい、と切に思います。

答え

電子マネーばかりつかわせていると、お金の「価値」がわからなくなってしまう。給食費、学費などは、「払ってもらって当然」という意識をうえつけないように、「現金」を見せてリアリティを実感させる。

質問10

同居する子どもから生活費をもらうときは、「現金」か「振込」か、本人のためになるのは、どっち？

「親」は、子どもにどんなお金の教育をすべきか。本章の最後は、お金にまつわる**「親ばなれ」「子ばなれ」**のお話をします。

子どもが大学（または高校、専門学校など）を出て「社会人」になる。親からすると、長かった子育てが終わり、子どもに「自立」をうながすときです。

最近は、実家に住んだまま、会社に通う人がたくさんいます。

子どもの立場からすると、ひとりで暮らして家賃や光熱費、食費をすべて負担するよりは、実家にいて、親に甘えたほうが「貯金」もできる。

「ぼくらが高齢になるときには、年金だってもらえるかわからない。だから、できるだけ長く実家にいて、貯金を増やしたい」

そんな意見をよく聞きます。

親からしても、子どもが家から巣立つのは寂しいもの。

「じゃあ、家賃のつもりで、月に6万円を家に入れなさい」

「わかった。６万円だね。かならず入れるよ」

そんなやりとりが交わされ、子どもは実家に住み続けることになります。

たしかに、親子合算ベースで考えれば、一緒に暮らしたほうが、支出の総額は安く抑えられるでしょう。

しかし、これは、あくまで**「目先」**の話にすぎません。

「水を与える」のではなく、「水のくみ方を教えるべき」だとよく言われますが、これはお金についても同じ。

22歳、23歳……、30歳になっても実家からはなれない人がいます。これでは、お金を「稼ぐ力」も、「管理する力」も身につけることはできず、お金の「価値」を知ることもできません。

親ばなれ日「Xデー」を設定する

子どもを独立させるために、社会人になる前月の「3月末」を、親ばなれ日の〝Xデー〟と決めてみましょう。

親子で一緒に銀行に行って、子どもの口座をひらきます。いままで使っていた口座があれば、それでもかまいません。

どの銀行にするかは、44ページで書いたとおり。親の信用を子どもに「引き継ぐ」ように、親と同じ銀行にして、子どもに担当者を紹介してあげましょう。

そして、**いままで親が払ってあげていたスマホ代などを、子どもの口座から引き落とすように変更します。**通信会社に、知らせる必要もあるでしょう。**子どものために貯めた定期預金があるならば、それを子ども名義に変更してもいいでしょう。**

これらは、親と子の、独立のための「儀式」です。

Xデーの日にちを決め、銀行に一緒に行くことで、「今日から、お前は自立するんだぞ」ということにリアリティをもたせるわけです。

その翌月から、実家を出て、ひとり暮らしをはじめさせる。

そこで発生する家賃も、光熱費も、新しい口座から引き落とさせるようにするわけです。

子どもの自立をうながす「定額自動送金」

それでも実家から通いたい……、という子どももいるでしょう。

親もそれを許さざるをえないケースもありますよね、きっと。

子どもが、どうしても実家から通いたいと言うならば、せめて家賃と光熱費だけでも取ってください。

「家賃5万円＋光熱費1万円」で、合計6万円くらいでもいいでしょう。金額は各家庭の判断ですね。

このときのポイントは、銀行の**「定額自動送金」**のシステムを利用することです。

定額自動送金とは、毎月決まった日に、決まった額を、指定した口座に自動的に振り込むサービスです。振込手数料がかかりますが、それでもやるべきだと私は思います。

先ほどお話しした、親と子のやりとりを思い出してください。

「家賃のつもりで、月に6万円を家に入れなさい」

「わかった。6万円だね。かならず入れるよ」

しかし、です。


最初の月。子どもは6万円を家に入れました。

次の月。決めた期日よりは少し遅れたけれど、6万円を入れました。

3か月目。「今月は苦しいので、3万円でなんとか……」。

4か月目。あれれ。入金なし……。「ごめん、今月苦しくて……」。

5か月目。入金なし。謝罪もなし。


こうして「入金しない」ことが当たり前になります。

やがて、親もそれを許すようになる。

「しょうがないわね、あの子は……」

こうなったら最後、その子は、お金に対する感覚が麻痺してしまう。

これでは、お金で成功する道は閉ざされてしまいます。

銀行員っぽい言葉をあえてつかうと、**貸したお金は「回収」しないといけません。**回収しようとしなければ、相手は「返さなくていい」と考える。当たり前ですね。

だからといって、家の中で、親子で、

「お前、6万円よこせ！」

「いや、無理！」

といった、ギスギスしたやりとりをしたくないですよね。お金は、催促するほうも、されるほうもイヤなので、結局、うやむやになってしまうんです。

だから、現金で回収しようとするのではなく、振り込ませる。しかも、「定額自動送金」システムをつかえば、回収しやすくなります。

Xデーに子どもと一緒に銀行に行ったら、**事前に親子間で取り決めた「実家に入れる金額」を、子どもの口座から親の口座に、「自動的に」振り込まれるように手続きをしてください。**

翌日から働きはじめる子どもの、毎月の給料日を確認し、その当日や翌日に自動的に親の口座に振り込まれるようにするわけです。

これなら回収が容易にできますし、いちいち催促をしなくてすみます。

基本は独立させて、家から出す。

でも、出ないのであれば、「定額自動送金」によって家賃と光熱費を、かならず「回収する」ようにする。

子どもにはついつい甘くなってしまいますが、それが子どものためだと思って、心を鬼にして実行してみてください。

答え

子どもから「現金」で回収しようとしても、すぐに難しくなる。毎月決まった日に、「定額自動送金」で振り込ませることで、回収ができ、子どもの自立もうながせる。

人生最大の幸福は、一家の和楽である。
円満なる親子、兄弟、師弟、友人の
愛情に生きるより
切なるものはない。

――野口英世

Part 2

お金を増やす「子ども」は、どっち？

テーマ「親の財産を守る」

質問11

親にいくらの財産があるか、「聞く」べきか、「聞かない」べきか。親のためになるのは、どっち？

Ｐａｒｔ1では、お金にまつわる「親」の役割をお伝えしましたが、この章では視点をくるんとひっくり返し、「子」の役割についてお話をしていきます。「子」といっても、幼い子の話ではありません。

まだ若い親をもつ、30代や40代の「子」もいるでしょうし、親がかなり高齢になってきた50代や60代の「子」もいるでしょう。

「子」の役割として、まず、私がお伝えしたいことは、**「親の経済状態を把握しましょう」**ということです。

「親がいくらもっているのか、さっぱりわからない……」

こういう人がけっこう多いものです。

親の経済状態を気にしたことすらない、という人もいるでしょう。

逆に、財産を「アテ」にしていてすごく知りたいのだけど、聞きにくい……という人もいるでしょう。

子は、親の経済状態、資産の内容などをきちんと把握すべきです。最大の理由は、**親の資産を「彼ら」から「守る」必要があるからです。**そうしないと、気づいたときには、親は資産をすべて失っていることにもなりかねません。

では、「彼ら」とは、だれか？

親の「資産」を狙っている人の正体とは？

子であるあなたは、「親がいくらもっているのか」まるで知らないかもしれません。しかし、じつは、あなたの親の資産内容を正確に把握している人がいるんです。だれかわかりますか？　金融機関、とくに**「銀行」**です。

あなたの親は、お金を銀行に預けています。複数行に分けているかもしれないし、ひとつの銀行に集中させているかもしれません。いずれにしろ、銀行にはあなたの親の口座がある。彼らは、預金の額はもちろん、毎月の住宅ローンやガス、水道代などの「支出」、そして退職金や年金などの「収入」をすべて把握しています。場合によっては担当者がコミュニケーションをとることで、今後、どのような「人生設計」をしようとしているかも知っているわけです。

あなたには親のことが「見えていない」けれど、銀行には「見えている」んです。

「子どもたちには内緒だけどね……」

そんな言葉を、私は銀行員時代になん度も聞きました。

「子」であるあなたは危機感をもつべきです。プロローグでもお伝えしたように、日本の個人金融資産の大半は、高齢者がもっています。つまり、あなたの「親」がもっているかもしれないのです。

では、銀行は、なにを考えているか。

当然、この金融資産を「狙って」います。

あなたの親の貯蓄がいくらあるのか、退職金がいつ、いくら入ったか、口座の状況を見れば一発でわかるわけです。銀行がこんな「まとまったお金」を見過ごすはずがありません。

あなたの親に、こう言ってアプローチします。

「毎月、分配型の投資信託はいかがですか？」

投資信託を販売するときの「手数料」収入は、銀行の大切な収益源のひとつです。まとまったお金の一部を投資信託で運用しないか、「ご案内」をするわけです。

ほかの金融機関からも、株式投資をすすめられたり、金（ゴールド）をすすめられたり、ＦＸをすすめられたり……。

銀行員は「販売のプロ」です。しかも、あなたの親の資産内容をすべて把握しています。上手にコミュニケーションをとりながら、「子どもがぜんぜん連絡をくれない……」「家内が亡くなって以来、家計のことはまったくわからない……」といった悩みを聞きだします。それも「親身」に、です。

「SOS」で人の心はひらかれる

日ごろ、人との会話がなくなったあなたの親は、自分の話を親身に聴いてくれる銀行員を信頼するようになります。

銀行は、お客さんが高齢の女性には若い男性を、高齢の男性には中高年女性を、担当者に起用するケースが多い。相手が「だれにならば」心をひらきやすいかわかっているのです。

彼ら、彼女らは販売のプロです。あなたが煙たがるような「親の話」を1時間でも、2時間でも、3時間でも、ずっと聴いていられます。

このとき「SOS」の手法を駆使します。SOSといっても、「たすけて〜」というわけではないですよ。

S…すごい！

O…教えてください！

S…さすがですね！

この3つを会話に盛り込むよう、訓練されているんです。

日ごろ、子どもから冷たくされ、連絡すらもらえない「親」からすれば、銀行の担当者が「SOS」を駆使して話を聴いてくれたら、ひとたまりもありません。

「もう、あんたに任せるよ。ハンコはどこに押せばいいんだい?」

こうして投資信託を購入。

値が上がっていけばいいですが、私の経験上、**銀行がすすめる投資信託を購入して「得」をする人は、全体の10%もいません。多くの人は投資額の20%、30%を失ってしまいます。**

子どもが気づいたときには、親の資産は減っているわけです。

まだ、気づけばいいほうかもしれませんね。親の立場からすれば、「投資」でお金を失った事実を、わが子に知られたくはないものです。だまったまま……、というケースが多いのではないでしょうか。

こうして子どもが相続するはずだったお金は、金融機関に奪われてしまうのです。

親が突然、倒れることも

親の経済状態を知ろうとすることは、不謹慎なことでもなんでもありません。親も高齢になってくれば、いつ、なにが起こるかわかりません。突然、倒れることもあるし、突然、亡くなることだってある。そのときになって、まったく資産がないことに気づいたのでは遅い。

親の治療費、入院費、葬式代を自分たちが出さなくてはいけないこともあります。ただでさえ、自分たちの生活が苦しい中で、このような事態になれば、家計へのダメージは大きいですよね。

親だけではなく、自分たち夫婦や子どもも守らなければなりません。だからこそ、親の経済状態を「知り」、それを「守る」ことは、子の大切な役割なのです。

答え

親のお金を金融機関が狙っている。親のためにも、自分たち夫婦や子どものためにも、親の財産をきちんと把握し、「守る」「準備する」意識が必要。

質問 12

銀行は、あなたたち親子の「敵」か「味方」か、どっち？

親の経済状態を知ることは、「敵」である金融機関から資産を「守る」ことだけが目的ではありません。

金融機関を「味方」にすることもできるんです。前項では「ディフェンス」のお話をしましたが、ここでは、資産を増やすための「オフェンス」、つまり「攻め」のお話をします。

以前に、**「銀行は連結で審査する」**というお話をしました。子どもに大きな資産がなくても、親にあれば、それは子どもの「信用」にもつながる。お金を借りるときに、前向きに相談にのってくれる可能性が高いし、低い金利を適用してくれるかもしれないのです。

40代、ましてや50代になると、「先」のことが見えてきます。

「このまま働いていても、資産は増えないな……」という現実を直視して、夢を失ってしまう。そして、老後がとても心配になる。

しかし、親の資産とあなたの資産を「連結」で考えると、一気に世界が広がるわけです。

「どうすれば、この人にお金を貸せるのか」

親の資産と自分の資産を「連結する」考え方は、銀行では当たり前のこと。会社に融資を行うかどうかを判断する際、その親会社、子会社などの関係会社を連結ベースとして見て、審査します。

銀行が恐れているのは、融資した会社が黒字だったとしても、関係会社が赤字だったがために、融資したお金がその赤字会社に垂れ流しになってしまうこと。

もし子会社や孫会社が赤字だったら、親会社は出資したり、貸し付けしたりして、赤字を補填します。銀行員は、そういうお金の流れにとても敏感です。

ですから融資するときは、トータル（連結ベース）でその会社を把握し、きちっと**「回収できそうか」**を判断するわけです。

これは個人のお客さんに対しても同じです。

たとえば、両親が都内の戸建てに住んでいて、その息子さんが都内にマンションを**「購入したい」**とします。銀行に住宅ローンの申請をすると、残念ながら息子さん単体では、審査がきびしいという状況。

そんなとき、銀行員は両親の資産が気になります。正直に「ご両親の資産を担保に入れてほしい」とお願いする場合もあります。

息子さんの信用だけではお金を貸せない場合、次の手だてとして親の資産を連結して見ることで、「資産背景は十分」だと判断するわけですね。

銀行員がつねに意識しているのは、**「どうすれば、この人にお金を貸せるのか」**ということ。銀行はお金を貸して、その金利で稼ぐのが商売です。だから、**できることなら「貸したい」**。

そのため、家族の連結ベースでの資産背景をかならずチェックして、行内で審査の稟議書を通すためのロジックを組み立てるわけです。「こういう組み立てをすれば、上司や審査官もハンコを押すだろう」と。

親の資産は、あなたの「切り札」

親と子の資産を連結ベースで考えることは、銀行では当然の考え方ですが、一般的にはほとんどしないでしょう。

これは、もったいない！　銀行があなたと親を連結ベースで見ているのですから、あなたも同じように考えればいいんです。

自分のことを「将来性の低い赤字会社」だと思っていても、親会社である親がお金をもっているならば、トータルで見たらプラスになる。そう考えると、すごく将来の可能性がふくらみます。

資産を増やすためには、自分の収入だけを頼りにしていたのでは難しい。

私は銀行員時代、多くのお金もちと接してきました。その人たちに共通しているのは、**「銀行からお金を借りて、そのお金で資産を増やしている」**こと。

私が実践しているアパート経営もそうですが、自分のお金をつかわず、銀行からの借り入れ金を上手に活用することが、資産を増やす大きなカギです。

そのためには、多くのお金を安い金利で銀行から「調達」しなければなりません。

あなたの収入や属性では調達できなくても、銀行に、親の資産と連結ベースで審査してもらえば、調達できるかもしれないのです。

アパート経営、不労所得、というと「自分にはカンケイない」と思われる人がいますが、たとえば親が戸建てに住んでいたとすると、どうでしょう？　親が亡くなったあと、そこにアパートを建てれば、あなたはその事業の「経営者」であり、不労所得を得られる「オーナー」になるんです。

なにもアパート経営にかぎった話ではありません。

定年後に、店をひらきたい。
主婦仲間と、プチ起業をしたい。
マンションを買いたい。
新しい事業をおこしたい。

そんなとき、必要になるのは、銀行からの「借り入れ金」です。これがあれば、夢を実現できる可能性が高まります。こうして将来の選択肢を増やすためには、銀行を「味方」にする必要があります。

その「切り札」が、親とあなたの資産を「連結ベース」で見てもらうことなのです。

親の資産をアテにするかしないか、という単純な問題ではなく、現実としていずれ「相続」をすることになります。親のいまの経済状態、資産内容をきちんと把握し、自分がなにを相続できるか、相続しなければいけないか、を早めに知っておけば、**事前の対策も練れるし、世界が大きく広がるかもしれません。**

どうすれば、親の資産内容がわかるか？

「親」は、家族全体を豊かに、繁栄させていくために、自分の資産内容を子に伝えるべきだと思います。これは、Ｐａｒｔ１で述べたとおりです。

でも、あなたの親がこの本を読んでいなければ、親のほうから積極的に資産をオープンにしてくれることはないでしょう（だから、本書は親子で一緒に読んでほしいんです！）。

それならば、子どもであるあなたから積極的に働きかけ、親の財産、資産、負債などを把握し、未来への準備をしておく必要があります。

そこで、本書の冒頭のエピソードを思い出してみてください。

「オヤジさぁ、いくらの生命保険をかけてるのか、教えてくれないかな？」

「縁起でもないことを聞くな！　オレはまだまだ死なないぞ！」

そう、50代の私の友人が、お父さんに生命保険の金額をたずねたら、すごい剣幕で怒られた、という話です。


親の資産を把握したい。でも、いきなり聞いても、教えてもらえない。

では、どうすればいいのでしょうか。つぎからは、そんなお話を。

答え

銀行は、親の資産を狙う「敵」にもなるし、お金を融資してくれる「味方」にもなる。親の資産を把握し、自分と「連結ベース」で銀行に見てもらえば、資産を増やすチャンスがくる！

質問13

親に、マメに
連絡「する人」と「しない人」。
親から信頼されるのは、
どっち？

子どもが思っている以上に、親が**「お金をもっている」**というケースがあります。逆に、子どもが思っている以上に、親が**「お金をもっていない」**というケースもあります。

前者の「もっている」場合は、万々歳！　かというと、話はそう単純ではありません。相続対策が必要だし、残された子どもたち兄弟で骨肉の争いになる、なんていうケースもよくあります。

後者の「もっていない」場合も、問題です。アテにしていたら、まったくなかった。親の治療費を急に工面しないといけなくなった。こうなると、親の家計にも、子どもの家計にも、ダブルパンチです。

「およそ」でもいいので、親の資産を把握しておきたい。これが、子どもの本音だと思います。

無理に聞いちゃダメ！

では、どうすれば親の資産がわかるのでしょうか？

直接、聞く……、というわけにには、なかなかいきませんよね。

「オヤジ、どのくらいお金もってるの？」といきなり聞いても、親は身構えてしまいます。「こいつ、オレの財産を狙っているのか……」と思われても仕方がありません。


大切なことは、無理に聞き出そうとするのではなく、親のほうから「話したくなる」ようにもっていくことです。

親も、高齢になってくれば、「あとあと」のことを考えているものです。息子や娘に財産を、どんなかたちで残すか……。そんなことが、つねに頭の中にある。


でも、親の立場になって考えてもみてください。

1年に1度しか実家に帰ってこない娘。

いくら電話しても折り返してこない息子。

そんな子どもに、みずから「お金」の話をしようと思うでしょうか。
ましてや、「オヤジ、いくらもってるの？」などといきなり聞かれたら、「ふざけるな！」という気持ちにもなるはずです。

まずは、親との「信頼関係」を築くこと――。

これに尽きます。
親に信頼されなければ、お金の話になどなりません。「こいつに自分の資産をオープンにしたら、それをアテにして、働かなくなるかもしれない……」。そんなふうに思われているかもしれないんです。
兄弟や姉妹がいる場合は、親は「どの子をいちばん信用すべきか」と考えるものです。親だけでなく、兄弟の中でも信用がなければ、親はあなたに「お金の話をしよう」とは思わないでしょう。

「子どもだから知る権利がある」というのは、少々甘い考えです。親からすれば、知る権利の「ある」子どもと、「ない」子どもがいるんです。

親とのコミュニケーションを「予定」に入れる

親と信頼関係を築くためには、年に1度、実家に帰るだけではダメです。もっと頻繁に連絡をするようにしなければいけません。

私の場合、私は東京に、親は山形に住んでいました。

そこで、**「毎週土曜日」にかならず親に「電話する」ようにしていました。**忘れてしまわないように、**土曜日の朝8時から9時まで、〝親に電話〟と手帳に書き込んだのです。**

そして、「今週はなにをしたの？」「来週はどこかに行くの？」と質問をします。何十年も、これを続けました。

要するに、親とコミュニケーションをとる時間を「予定」に組み込んだわけです。

親と話をするときは、親に「関心をもつ」ことが大切です。コミュニケーションをとるようになると、親が「大事にしていること」が見えてきます。これがわかったら、あなたも、親が大事にしていることを、大事にするんです。

大切なことなので、もう一度言いますね。

親が「大事にしていること」を、あなたも「大事」にする――。

たとえば、父親が「盆栽」を大事にしているのなら、きっと毎日の水やり、日々の成長、季節による変化、枝ぶりなどを見ることが楽しみなはずです。

母親がフラダンスを習っているなら、発表会に向けて練習に励んでいるはずです。

そういったことに関心をもって、「盆栽どう？　今度見せてよ」とか「フラダンスの練習どうだった？　いつ発表会があるの？」と聞くわけです。

相手が関心をもっていることに、こちらも関心をもってたずねる。それは、銀行員としての営業の基本でもあり、すべてのコミュニケーションの基本でもあります。

「聞くこと」こそが、〝おもてなし〟なんですね。

信頼関係はこうして生まれ、親はあなたに心をひらいていくはずです。

銀行は「マメに連絡する人」を信用する

銀行がお金を貸すのは、その人を「信用」しているからです。

信用できるのは、「マメに連絡をくれる人」です。

「今期の決算見通しは、こうなっています」

「資金繰り表は、このようになっています」

といったことを定期的に報告してくれる人。そういう人を応援したくなるのが銀行員の心情です。もし困ったことがあれば、虚勢を張らずに「じつは、いま、入金がなくて困っています。売上はあるんですが、回収時期がずれてしまっています」とありのままを言う。そうすれば、銀行員も「一緒に、回収の手だてを考えましょう」と味方になってくれるはずです。

いい会社ほど、「決算書ができました」と言って、経理部の部長や課長がみずから銀行に足を運び、決算説明をしてくれるものです。

逆に、1年ぶりにいきなり銀行に来て「資金決済が来週なのに決済できないから、1000万円貸してくれ」と言われたら……。

きっと銀行員は内心「ふざけるな！」と思うでしょうし、「社長の定期預金を崩したらどうですか？」という話になってしまいます。

これは親子でも同じこと。**親だからといって甘えず、むしろ「金融機関」だと思えばいい。**あなたに融資（相続）してくれるかもしれないのですから、銀行と同じです。そういうありがたい存在だと思えば、親に対する態度も変わり、背すじも伸びます。なにより、コミュニケーションをとることで、親孝行もできます。

答え

親に信頼されるのは、もちろん「マメに連絡する人」。親とコミュニケーションをとる時間を手帳に書き込もう。質問をかさねて親の「大事にしていること」がわかったら、自分もそれを大事にするようにすると「信頼関係」が生まれる。

質問 14

親に借金の相談を「する人」、「しない人」。信頼されるのは、どっち？

親の資産を把握するひとつのツールを、Ｐａｒｔ１でご紹介しました。**「エンディングノート」**です。子どもの立場であっても、先にエンディングノートを書き、それを見せながら、親にも書いてもらう。そんな方法をご紹介しました。

ここでは、もうひとつ、とっておきのツールをご紹介しましょう。

「ライフプラン表」です。

これは、親の資産を把握するためだけにつくるわけではなく、家族の夢を実現するため、家族の将来にわたる資金計画をしっかり立てるために、かならずつくってほしいものです。

「２０２１年に長男が私立中学校入学でいくら…、同じ年に海外旅行に行きたいからいくら…、２０２４年に車の購入代がいくら…、２０２７年には長男の大学進学でいくら…、２０３９年には自分が定年だから退職金がおそらくいくら…、そこからの毎年の年金と生活費はいくら…」

2026	2027	2028	2029	2030	2031	2032	2033	2034	2035	2036	2037	2038	2039	2040
52	53	54	55	56	57	58	59	60	61	62	63	64	65	66
													定年退職	
50	51	52	53	54	55	56	57	58	59	60	61	62	63	64
	ビーズ教室					ビーズ教室起業								
17	18	19	20	21	22	23	24	25	26	27	28	29	30	31
		大学											結婚	
14	15	16	17	18	19	20	21	22	23	24	25	26	27	28
		高校			大学									結婚
					家族旅行									
500	500	500	500	550	550	550	550	550	450	450	450	450	450	0
100	100	100	100	100	100	100	200	240	240	240	240	240	240	240
													2000	20
600	600	600	600	650	650	650	750	790	690	690	690	690	2690	260
180	150	150	150	150	120	120	120	120	120	120	120	120	120	120
130	300	180	180	300	100	100	100							
120	120	120	120	120	120	120	120	120	120	120	120	120	120	120
30	30	30	30	30	24	24	24	18	18	18	18	18	18	18
60	60	60	60	60	110	260	60	60	60	60	60	60	160	160
520	660	540	540	660	474	624	424	318	318	318	318	318	418	418
80	-60	60	60	-10	176	26	326	472	372	372	372	372	2272	-158

「夫婦と子ども２人のライフプラン表」の例

		2015	2016	2017	2018	2019	2020	2021	2022	2023	2024	2025
夫	歳	41	42	43	44	45	46	47	48	49	50	51
	イベント										車購入	
妻	歳	39	40	41	42	43	44	45	46	47	48	49
	イベント											
長男	歳	6	7	8	9	10	11	12	13	14	15	16
	イベント			小学校					中学校			高校
長女	歳	3	4	5	6	7	8	9	10	11	12	13
	イベント		保育園					小学校				中学校
家族のイベント				マイホーム購入				家族旅行				
収入（万円）	夫給料	450	450	450	450	450	500	500	500	500	500	500
	妻給料							100	100	100	100	100
	その他											
	収入合計	450	450	450	450	450	500	600	600	600	600	600
支出（万円）	生活費	180	180	180	180	180	180	180	180	180	180	180
	教育費							100	50	50	150	130
	住宅費	120	120	500	120	120	120	120	120	120	120	120
	保険料	24	24	30	30	30	30	30	30	30	30	30
	その他	60	60	60	60	60	60	110	60	60	160	60
	支出合計	384	384	770	390	390	390	540	440	440	640	520
年間収支		66	66	-320	60	60	110	60	160	160	-40	80

こんな具合に、家族の年齢ごとのイベントを想定し、「収入」と「支出」の予定額を書き込んでいくんです。

こうすると、**いつ、いくら必要になるかがわかりますし、夢を実現するためには、いつまでに、いくら貯めないといけないかも見えてきます。**

親に自分たちのライフプラン表を見せる

そして、このライフプラン表を、親にも見せるんです。

まずは、自分のほうから資産内容や今後のプランを、オープンにするわけですね。子どもの教育資金として、10年後にいくら必要なのか、5年以内にマイホームを買うためには頭金がいくら必要なのか、そういう計画や目標の話をします。

もし、あなたが親の立場で、子どもからこのようなライフプラン表を見せられたら、どう思うでしょうか？

私が、もし息子にこれを見せられたら、**「こいつも家族のことをしっかり考えているんだな」**と感心します。

これ、なにかに似ていると思いませんか？

企業が銀行に融資を頼むときの**「事業計画書」**です。

「フレンチの店をオープンしたいんです。一流のシェフを雇う予定なので、開店資金1000万円を貸してくれませんか？」

銀行は、こんな説明をされても、お金を貸しません。

では、つぎのような説明ならどうでしょうか。

「1年後に、港区の○○にフレンチの店をオープンしたいんです。席数は○席で、ディナーのお客さんが○回転したら、店の売り上げは月○万円です。人件費と経費、光熱費を合わせて○万円。ですから、月の純利益は○万円を想定しています。開店資金で1000万円貸してくだされば、金利分合わせて、月々○万円ずつお返しできますし、2年間で軌道にのせて、支店を増やしていくつもりです。○○ホテルで料理長をつとめた超一流のシェフが来てくれることが決まっていますから、女性のお客さんにＰＲがしやすいんです」

「数字」をつかって、**「具体的に計画している」**ことが伝わってきますから、銀行としては、融資に対して前向きになるものです。これこそが「信用」です。

これは、親に対しても同じ。前項で**「親を〝金融機関〟と考えてください」**とお伝えしましたよね。親だからと甘えずに、自分たち家族のライフプランをきちんと伝えるわけです。

そのうえで、**「いまの預金がこのくらいだから、正直10年後にピンチなんだよね」**と言えば、親も「そうか。じゃあ、オレもちょっとならもってるから、このくらい支援できるよ」と言ってくれるかもしれません。

今後のプランをしっかり話したうえで、**「きびしい見通し」**も正直に伝えて、援助してほしい旨を伝えるんです。

親のライフプラン表もつくる

そして、ここからが大切です。

あなたたち夫婦と子どものライフプランだけではなく、**「親のライフプラン」**も同じ表の中に記入していくんです。

これこそが、**「親のことを大事に思っている」**というメッセージになります。

親は、とてもうれしいはずです。

自分と、子どもと、孫。

そこに一体感が生まれ、自分も家族の一員であることを再認識できる。

親と一緒に、旅行に行く計画を立て、ライフプラン表に記入するといいでしょう。

「家族でハワイに行きたいね」という話になれば、そのための費用、たとえば50万円を書き込むわけです。その費用をどう分担するのか、どのように積み立てをしていくのか、といったことも話し合います。

2026	2027	2028	2029	2030	2031	2032	2033	2034	2035	2036	2037	2038	2039	2040
52	53	54	55	56	57	58	59	60	61	62	63	64	65	66
													定年退職	
50	51	52	53	54	55	56	57	58	59	60	61	62	63	64
	ビーズ教室					ビーズ教室起業								
17	18	19	20	21	22	23	24	25	26	27	28	29	30	31
			大学										結婚	
14	15	16	17	18	19	20	21	22	23	24	25	26	27	28
		高校			大学									結婚
81	82	83	84	85	86	87	88	89	90	91	92	93	94	95
						米寿		卒寿						
78	79	80	81	82	83	84	85	86	87	88	89	90	91	92
	傘寿								米寿		卒寿			
					家族旅行									
500	500	500	500	550	550	550	550	550	450	450	450	450	450	0
100	100	100	100	100	100	100	200	240	240	240	240	240	240	240
	100			100	50								2000	20
600	**700**	**600**	**600**	**750**	**700**	**650**	**750**	**790**	**690**	**690**	**690**	**690**	**2690**	**260**
180	150	150	150	150	120	120	120	120	120	120	120	120	120	120
130	300	180	180	300	100	100	100							
120	120	120	120	120	120	120	120	120	120	120	120	120	120	120
30	30	30	30	30	24	24	24	18	18	18	18	18	18	18
60	60	60	60	60	110	260	60	60	60	60	60	60	160	160
520	**660**	**540**	**540**	**660**	**474**	**624**	**424**	**318**	**318**	**318**	**318**	**318**	**418**	**418**
80	**40**	**60**	**60**	**90**	**226**	**26**	**326**	**472**	**372**	**372**	**372**	**372**	**2272**	**-158**

「夫婦と子ども2人+親のライフプラン表」の例

		2015	2016	2017	2018	2019	2020	2021	2022	2023	2024	2025
夫	歳	41	42	43	44	45	46	47	48	49	50	51
	イベント										車購入	
妻	歳	39	40	41	42	43	44	45	46	47	48	49
	イベント											
長男	歳	6	7	8	9	10	11	12	13	14	15	16
	イベント			小学校					中学校			高校
長女	歳	3	4	5	6	7	8	9	10	11	12	13
	イベント		保育園				小学校					中学校
おじいちゃん	歳	70	71	72	73	74	75	76	77	78	79	80
	イベント				ヨーロッパ旅行			喜寿			傘寿	
おばあちゃん	歳	67	68	69	70	71	72	73	74	75	76	77
	イベント				ヨーロッパ旅行						喜寿	
家族のイベント				マイホーム購入				家族旅行				
収入（万円）	夫給料	450	450	450	450	450	500	500	500	500	500	500
	妻給料							100	100	100	100	100
	その他			300				50				
	収入合計	450	450	750	450	450	500	650	600	600	600	600
支出（万円）	生活費	180	180	180	180	180	180	180	180	180	180	180
	教育費							100	50	50	150	130
	住宅費	120	120	500	120	120	120	120	120	120	120	120
	保険料	24	24	30	30	30	30	30	30	30	30	30
	その他	60	60	60	60	60	60	110	60	60	160	60
	支出合計	384	384	770	390	390	390	540	440	440	640	520
年間収支		66	66	-20	60	60	110	110	160	160	-40	80

この家族会議を、お正月の恒例行事にしてもいいと思います。この1年の短期計画、そして10年の長期計画などをお互いに話し合えば、**親も自然と自分の資産を言いやすくなります。**

また具体的に言わなくとも、**会話の中で、およそどのくらいか把握できるはずです。**

親が「70歳のときにハワイに行く」

親が「88歳のときに、○○ホテルでお祝いする」

そんな予定をライフプラン表に書き込んで親と共有すれば、親も「よし、○歳まで絶対がんばるぞ！」と意欲がわいてくるはずです。

私の父は、「88歳の米寿《べいじゅ》祝いのとき、どのようなお祝いにしようか」と5年前の83歳のころから話していました。

「どこでお祝いしようか」

「だれを呼ぼうか」

「引き出物はなににしようか」

といったことを考えるのが、とてもうれしいんですね。

「未来を楽しみにする」ことで、生きる元気が出てきます。

ライフプラン表は、たんに親の資産内容を把握するためのものではなく、家族に一体感をもたせ、みんなが前向きに生きるための大切な「事業計画書」なんです。

巻末には、書き込み式のライフプラン表を付録としてつけました。ぜひ活用してみてください。

答え

親と信頼関係を築くために「ライフプラン表」をつくる。そのうえで、家計がピンチなら、親に援助の相談をしてみるのも一法。家族みんなで「未来を考える」ことで、活力が生まれ、信頼関係は増す。

質問 15

親の資産運用に口を「出すべき」か「出さないべき」か、どっち？

赤の他人である銀行が、親の財産をすべて知っている――。

この章の冒頭で、そんなお話をしましたよね。子どもが知らない親の資産、経済状態、そして将来の夢まで、銀行は知っているわけです。

ですから、親がそれなりの金額を預けていれば、銀行は運用商品をすすめてきます。70歳であろうと、80歳であろうと、「この投資信託はどうですか?」と営業にやって来ます。

とくに、退職金が入ったタイミングで、銀行は「運用」をすすめます。

「このまま現金を寝かしていても、将来、インフレになれば、現金の価値は下がってしまいます。ですから、いまのうちから運用しませんか?」

「インフレで現金が目減りする」というのは、金融機関の「営業トーク」の基本中の基本なので、注意が必要です。

にもかかわらず、資産のじつに80%を投資信託に預けてしまうようなケースもたくさんあります。その結果、親の財産が3000万円くらいはあると思っていたのに、ふたを開けたら1500万円しかなかった、というようなことはよくあります。

銀行員としての経験上、金融機関がすすめる投資信託によって、資産が「プラス」になる人はごく一部です。

ほとんどは「マイナス」になる。

問題はその金額です。

2000万円の退職金の80%を投資信託にまわすと、その金額は1600万円です。これが、仮に20%目減りすれば、マイナス分は320万円。30%目減りすれば480万円。

リーマンショックのような、大きな経済ショックが起きれば、50%、60%を失うケースも多々あります。

こうなれば、一気に1000万円近くを失うのです。

子どもも銀行とのパイプをもちなさい

Part1で、「親」に対して、「子どもにも同じ銀行で口座をひらかせ、信用を引き継がせてあげてください」というお話をしました。

じつは、これは**「子どもが親の財産を守る」**という意味でも、とても効果的な方法です。

銀行員になったつもりで、ちょっと想像してみてください。

親のAさんと、その息子のBさん。親子そろって、自分の銀行の「顧客」だとします。すると、親のAさんに投資信託をすすめる場合にも、息子のBさんの顔がちらつくはずです。

Aさんに大きな損をさせてしまったら、Aさんはもちろん、息子のBさんにも怒られるかもしれない……。こう思うのが人間の心理です。

子どもの役割は、親の財産を守ることです。ですから、このように対応してみてください。

まず、親に対して、金融機関からの営業、売り込みに注意をうながします。このときは、

「絶対、手を出しちゃダメだよ！」

などと強く言ってはいけません。これだと、親もかえって身構えるし、もしかすると、すでに「購入」しているかもしれないからです。そこで子どもにそんなことを言われたら、

「なにがあろうと、子どもには相談できない」

とかえって心を閉ざしてしまいます。

ですから、やさしく、こう伝えてください。

「最近、オレも資産運用の勉強をしてるんだよ。金融機関はけっこう高齢者の財産を狙っているみたいだから、なにかのときは、オレに相談してよ。力になるから」

親に、「買わない」ことではなく、**「相談する」**ことを約束してもらうのです。

銀行にクギを刺す

つぎに、銀行にも、こっそり話をしておきます。

「うちの父も高齢だから、なにかあれば、僕にもひとこと教えてくださいね」

これだけで、十分です。じつは、これは銀行にとってもありがたい話なんです。あとあとのトラブルを回避することにつながるからです。

70歳以上のお客さんの場合、「高齢者取引」というコンプライアンス（法令遵守）があり、契約のときに家族に同席してもらうというルールがあります。

ただ、子どもが忙しかったり、遠方だったりした場合、支店長や営業責任者の特認で、70歳以上であっても単独で契約できる場合があります。

でも、**これは銀行側にとって大きなリスクです。**

実際、その後「なにもわからない高齢の親に、こんな商品を売るとはなにごとだ！」と子どもが怒鳴り込んでくることが多いんです。

当然ながら、プラスになっていれば、そういう苦情はありません。しかし、大きな損失をさせてしまったときには、「損分をすべて返せ！」と言われるケースも。銀行では、そういうトラブルがよく起こります。こうなると、担当者の評価にもかかわってきます。

ですから、**銀行としても、親に金融商品をすすめる場合、その息子さんや娘さんに同席してもらったほうがいいわけです。**

こんな場合は、子どもは会社を休んででも同席をしましょう。その財産は親だけのものではなく、将来、自分が相続する可能性の高い財産なのですから。

親も遠慮せずに、子どもに相談しましょう。自分ひとりの判断で運用に手を出し、損が発覚して子どもに責められるのは、とても心苦しいものです。購入の現場に子どもに同席してもらえば、みんなの責任で買うことになりますから、気がラクになるはずです。

親の財産を狙っているのは、銀行だけではありません。証券会社も、保険会社も、みんな狙っています。なにせ、60歳以上の金融資産は、日本の個人金融資産のじつに70%近くを占めているわけですから。

親が金融商品を購入するときには、資産の中から**「何%をまわすか」「投資額の上限はいくらか」**を、親子で話し合いましょう。そして、金融機関に一緒に行く。こうすることで、親の財産を守ることができます。

答え

親には、「資産運用はダメ」と言うのではなく、「運用したいときは相談して」とうながす。親と同じ銀行に口座をもっていれば、銀行の担当者が暴走しないよう、事前にクギを刺すこともできる。

質問16

貯蓄が「1000万円」の人と「1億円」の人、老後が不安なのは、どっち？

「うちの親が資産運用なんてとんでもない！　投資信託なんて絶対買わせない！」

そう考える人もいるでしょう。

私は、投資信託をすすめたいわけでもなんでもなく、むしろ、「注意してくださいね」という立場です。

ただ、なぜ「親に買わせないでください」と言わないかというと、銀行員時代に、

「なぜ、人は投資信託を買いたくなるのか」


を目の当たりにしてきたからです。

多くの高齢者にとって、いちばんの不安はなにかご存じですか？


「収入がない」ことです。

働いていた時代は、毎月、決まった日に「給料」が入ってきたわけですが、引退してからは、年金以外に入ってくるものがない。

預金が、1000万円あっても、3000万円あっても、1億円あったとしても、**「残高が毎月減る」**という状況は、人を不安にさせるんです。

少ない金額でもいいから、毎月、収入が欲しい。これが人間の心理です。

つまり、貯蓄の額によって不安の大小が決まるのではなく、毎月減っていく以上、不安なのです。

「毎月分配型」という甘い誘惑

銀行をはじめとする金融機関は、これを商売のタネにしています。

「毎月分配型」の投資信託を売るわけです。

毎月分配型投資信託は、ファンドの残高から毎月一部を分配金として払い戻してくれる投資信託です。

要するに、

「毎月おこづかいが入ってくる」

というわけですね。定期的に自分の口座に「新しいお金」が入ってくると、人は気持ちが明るくなります。

銀行は、この人間の心理を熟知しているため「年金にプラスアルファとして、毎月新しいお金が入ってきますよ」と、たくみに毎月分配型ファンドの営業をするわけです。

投資信託には、もうひとつ、**「インデックス型」**の投資信託というものがあります。

これは日経平均株価などの市場に連動した投資信託で、市場の動きによって上下するわかりやすさがあります。

銀行はどちらを売りたいか？

毎月分配型の投資信託です。

なぜなら、インデックス型よりも、手数料を高く取れるから。

インデックス型の投資信託は機械的に運用するため、手数料が安いんですね。

お金の専門家と言われるファイナンシャル・プランナーたちは、このような手数料やリスクの仕組みを知っているので、

「毎月分配型の投資信託には手を出すな」

とよく言っています。でも、人の気持ちがわかっていないなぁ、と感じてしまいます。高齢者にとっては金融機関の都合うんぬんはどうでもよくて、**「毎月、新しい収入がある」**ということが大切なんです。

この気持ちを無視して、「おすすめはインデックス！」と言っても意味がありません。

投資額の上限を決めておく

実際、私が銀行員時代、毎月分配型の投資信託で喜んでくれたお客さんはたくさんいました。

あるお客さんは、ボロボロになったアパートを売って、毎月分配型ファンドを組み

ました。アパート経営をしていたときのように、毎月「新しいお金」が入ってくる。それでいて、空室リスクにおびえることはないし、毎年の面倒な確定申告もしなくてすみます。「うれしいわぁ」と感謝されました。

「毎月分配型＝リスクの大きな悪」ということではないんです。

問題は「やりすぎてしまうこと」です。

購入する金額が多すぎる。

たとえば、70歳で金融資産が**「3000万円」**だとしたら、投資信託にまわしてもいいのは、およそ**「30％」**でしょう。

つまり、９００万円くらいであれば、投資信託にまわしてもいい。これなら、目減りしたとしても、ダメージは最小限ですみます。

私は「投資額の上限」を決めるとき、次のような計算式を目安にしています。

投資する割合（％）＝１００－自分の年齢

70歳であれば100から70を引いて30％、80歳であれば20％を上限にします。高齢になるほど、投資の割合を減らしていくわけですね。

逆に、若ければ投資する割合が高くてもいい。損をしたとしても、その後の人生は長いですから、挽回のチャンスがあります。

自分の親を見たときに、30％でも多すぎるな、と思ったら、上限を「20％」と決めてしまえばいいでしょう。金融資産が3000万円であれば、上限が600万円です。このくらいなら、損をしてもダメージは少なく見積もれますよね。半分になったとしてもすべての金融資産の「10％」を失うにすぎません。

つまり、どの銘柄がいいか、どの投資信託がいいか、という話の前に、親子で話し合って、**「投資する金額を限定する」**ことです。

そして、それを銀行にも伝えるんです。こうすれば、あなたが知らないうちに**「親が財産を失っていた」**などということは起こりません。

高齢になると、毎月の収入はとてもうれしいものです。そんな親の気持ちも察してあげながら、まずは**「上限を20％」**くらいに決めて、金融機関での購入に立ち会ってあげてください。

ここで、勘のいい読者なら、気づいたかもしれませんね。

このとき、親が投資信託に「１０００万円」預けたとすると……、親の金融資産の総額は「５０００万円」と推察できますよね。５０００万円の20％が１０００万円ですから。

「５００万円」預けたとすると、金融資産の総額は２５００万円と推察できる。

そうなんです。**このやりとりを通して、親の財産を守ることもできるし、「親がいくらもっているのか」を知ることもできるわけです。**

答え

人間は、毎月「新しいお金」が入ってくることで元気でいられる。親子で話し合って、投資額の「上限」を決めておくこと。この間のやりとりで、子は、親の財産の総額に見当をつけることもできる。

質問17

親が亡くなったら、実家は「売る」か「売らない」か。得するのは、どっち？

親が亡くなった場合、親の住んでいた「家」をどうするか。これは、大きな問題ですよね。

つぎの3つの選択肢が考えられるでしょう。

1 売って、現金に替える
2 人に貸して、賃料を得る
3 自分たちが住む

1の「売る」方法は、とてもわかりやすいですよね。とくに兄弟がいる場合は、相続するときに現金化して分ければいいわけです。

もし子どもが自分だけで、その家に「賃貸」の需要があるのであれば、2の選択肢も有効です。兄弟がいる場合は、収益分配をどうするか、きちっと話し合う必要がありますね。

３の「自分たちが住む」という選択肢もあります。いま住んでいる家が賃貸であれば、実家に移れば家賃が浮きますし、生まれ育った家で暮らしたい人もいます。また、いまより利便性がよくなる場合もあるでしょう。

兄弟ならば、兄がその家の権利者になり、弟には相続分を現金で支払う方法もあるでしょう。

これら３つをもっと単純化すると、１は「売る」、２と３は「売らない」。

相続の手段はさておき、まずは家を**「売るのか、売らないのか」**を判断しないといけません。

土地のチカラを見きわめよ

売るのか、売らないのか。

それは実家の土地のポテンシャルが高いかどうか――によります。

要するに、実家の**不動産の「価値しだい」**ということ。

そのために、まずは、**「自分の家」**と**「親の家」**を比較してみましょう。

・売りに出したとき、どちらのほうが高く売れるか
・人に貸したとき、どちらのほうが高く貸せるか

不動産会社に査定をお願いするといいでしょう。

比較した結果、**市場価値が高いほうを残す。**

もし親の家のほうが高く売れたり、高く貸せたりするのであれば、親の家をかんたんに売ってはいけません。

また、自分たちは引っ越さずに、親の家を**「人に貸して収益を得る」**方法もおすすめです。建物が古い場合は、おもいきって**「アパートに建て替える」**ことも検討してみてください。そうすれば、その収益によって、あなたにはその先ずっと**「不労所得」**が入ることになるのです。


もう一度、言います。

なにも調べずに、かんたんに、市場価値の高い物件を売ってはいけません。

売ったらいくらか、貸すといくらか、これらをかならず調べたうえで判断するようにしてください。

相続税改正後の対策は？

2015年1月に、相続税の税制改正がありました。

相続税の基礎控除が60％に縮小され、改正前よりも多くの相続税を支払わなくてはならなくなりました。

その一方で、納税者のつかい勝手がよくなった制度もあります。**親の住む実家に同居すれば、相続税が安くなる特例制度です。**親と同居するようにして、いままで住んでいた自宅を人に貸せば、相続税を大幅に軽くできるばかりか、家賃収入も得られるようになるので、検討する価値があるでしょう。

法改正の前とあとであっても、現金よりも不動産のほうが、相続税が安くなることに変わりはありません。親から生前贈与してもらうなら、現金よりも不動産のほうが断然お得です。

また、親の立場からしても、子どもや孫にたとえば500万円の「現金」を渡して、消費や娯楽につかわれてしまうよりは、500万円の「区分マンション」を購入し、その不動産を贈与するほうが、子どもにお金を浪費させることなく、家賃収入のある財産を渡せます。

親が生きているうちに、親の自宅をどうするか、どのようなかたちで贈与してもらうのか、親子できちんと話し合っておきましょう。

答え

実家を売るか、売らないかは、土地のポテンシャルしだい。自分の家よりも親の家のほうが不動産価値が高いのであれば、売らずに収益を生む方法を考える。アパートを建てて、「不労所得」を生む方法もある。

丸うならねば
思う事は遂げられまじ。

――樋口一葉

Part 3

お金を増やす「夫婦」は、どっち?

テーマ「夢を一緒に叶える」

質問 18

家計のやりくりは、「夫」か「妻」か。うまくいくのは、どっち？

私の知人の60代の女性は、お金の管理をすべて夫にたくしていました。

50歳になっても、60歳になっても、夫に**「お任せ」**の状態。

「まじめな夫のことだから、きちっと貯めているだろう」と考え、どのくらいの預金があるのかも知りませんでした。毎月渡される最低限の生活費で、暮らしのやりくりをしていたようです。


ある日、さすがに老後が不安になったのでしょう。彼女は夫に「うちって、いくらくらい預金があるの？」とたずねました。

夫は、「大丈夫だから、心配するな」と答えるだけ。彼女が「そう言われても安心できないわよ」と問い詰めると、夫はついに告白しました。

じつは、夫は、たくさんの株を買っていました。

株の損を、別の株で取り返そうと、つぎからつぎに手を出して、ますます被害は拡大します。

その結果、預金どころか、銀行の残高はみるみる減っていきました。

夫の「秘密」はまだあった

ところが、彼女の悲劇はそれだけではありませんでした。

夫は、その後、亡くなります。すると借金の催促のハガキが送られてきたのです。どうやら夫は、損をした分を取り戻そうと、**「カードローン」**で借金をして株を買っていたようです。その額、じつに2000万円。

彼女は「冗談じゃないわ！」ということで、弁護士のところに行き、結局相続放棄の手続きをしたそうです。相続放棄をすれば、財産を相続できなくなる代わりに、借金も相続しなくてすみます（ただし、連帯保証人になっていたらアウトですが）。

こうして借金は払わなくてすみましたが、彼女には老後の蓄えはありませんでした。しかも年金ももらえませんでした。夫は自営業だったのですが、国民年金をずっと未納だったのです。

「私、どうしたらいいの？」

私のところに相談に来た彼女は、途方に暮れていました。

バブル女子に丸投げした銀行員

もうひとつ、エピソードを紹介します。

私の銀行員時代の同僚の話。当時、ちょうどバブルの時代だったこともあり、女性は「バブル女子」と言われ、女性ファッション誌から飛び出してきたような子がたくさんいました。

その同僚の彼も、そんなバブル女子と結婚しました。彼はまじめで仕事一筋。家計のことは、妻に**「お任せ」**で、まったく把握していませんでした。

前著でもお伝えしたように、**貯蓄を増やせるかどうかは、4大固定費である住宅費、保険料、教育費、自動車代をいかに少なく抑えられるかにかかっています。**

ところが、彼の妻は、豪邸に住みたがり、ご主人に月5万円もの保険料をかけ、子どもを幼稚園から私立に入れ、自分はベンツに乗っていました。彼からすれば、そういう生活を維持するのも「男の甲斐性」という気持ちがあったのでしょう。

彼は、月3万円のおこづかいだけをもらい、黙々と働いていました。

家計は、完全に破綻していました。穴の開いたコップ状態。たしかに、彼はとても気の毒ではありますが、一方で、仕事の現場では、融資の審査対象である企業の人に向かって**「あなたのところの課題は、経費を節約することですよ」**なんて言っていたのですから、それがそのまま自分に返ってきてしまったわけです。

妻だけではなく、彼にも問題があったのは間違いありません。

「うちって、いくらあるの?」

たいていの場合、夫婦どちらかが家計の「管理」をしているため、そのパートナーがその内容をまったく知らない場合が多いのです。「稼ぐ人」と「管理する人」が完全に分かれている。

妻が家計の管理をして、夫は毎月「おこづかい」をもらう家庭もあるでしょう。その場合、夫は家計の全体像をまったく把握していないケースが多い。

一方、毎月、夫が「決まった金額」を妻に渡し、残りのお金を自由につかっているパターンもあります。妻は渡された分で、家計をやりくりする。**「夫の正確な収入を知らない」**という妻がけっこういます。

夫婦で働いている場合は、毎月、お互いに一定額を出し合って「生活費」としているケースもあるでしょう。

また、妻がパートで稼いだ分は、「これは私のお金」として自由につかっているケースもあります。

家庭ごとにルールを決めていると思いますが、ある一部のお金がブラックボックスになっていて、預金がいくらあるのか、収入がいくらあるのか、片方だけが把握し、片方はまったく把握していないということがあります。

「あなたの家の預金総額はどのくらいですか?」とたずねても、答えられない人のなんと多いことか。これは、きわめてキケンな状態だと考えるべきです。

これまで「親と子の間で、経済状態をオープンにすべき」という話をしてきましたが、**これは「夫婦」の間ではさらに大切なことです。**

最大のリスクは「貯金がない」こと

いちばんこわいのは、すべてを夫、もしくは妻に任せていた結果、**「老後のための貯蓄をまったくしていなかった」**という事態です。

先ほどの2つのエピソードを思い出してください。「カードローン」に手を出したり、生活費を湯水のようにつかったりするのは、**「自分だけ」**がお金の管理をすることによっておちいるワナです。

お金に関して、相手が「大丈夫、大丈夫、任せておいて」と言うときは、「あまり信用しないほうがいい」というのが銀行員を長年してきた私の結論です。

また、なんの悪気もなく、「相手が貯金していると思ってた……」なんていう場合もあります。共働きの夫婦に多いパターンです。いざフタをあけたら、お金がなかった……。これでは老後の生活は苦しくなるばかりです。

理想はお互いに情報開示をすること

家計管理の理想は、お互いの収入と支出を把握し合うこと。当たり前のことかもしれませんね。

でも、実際はそうかんたんなことではありません。とくに、すべての支出をパートナーに知られるのは、イヤだと感じる人も多いでしょう。「すべてをオープンに」というのは、言うのはかんたんですが、なかなか現実的ではないかもしれません。

そんな場合でも、ひとつだけ、「オープン」にすべきものがあります。

お互いの**「貯蓄額」**です。**「貯金」**と言ってもいいかもしれませんね。ちなみに、銀行に預けているお金を「預金」、ゆうちょ銀行に預けているものを「貯金」と言います。とにかく、家計全体で「いくら」貯まっているかを明らかにするんです。

おもに家計管理をしているほうが、もう一方に現状を明らかにする。月1回くらいの頻度で、お互いに確認するといいでしょう。

夫婦共働きの場合は、天引き預金の通帳をつくって、お互いそこにたとえば収入の

「20％ずつ」貯めるようにする。共通の通帳をつくってもいいし、それぞれの通帳をつくってもいい。そして、月に1回**「合計いくらあるか」**を確認し合うんです。

なにもすべての記帳記録を見せ合う必要はありません。ちゃんと貯金しているかだけ確認しておけば、先ほど紹介したような最悪な事態にはならないでしょう。

社長と経理部長の役割を分担する

たとえば、夫が「社長」、妻が「経理部長」の役割をする、と決めるのもひとつの方法です。家計簿をつけるのは妻の役割だけれど、その内容を社長である夫がチェックする。収入から支出を引いてマイナスになっていないか、ちゃんと貯金をしているかを確認するんです。

もちろん逆でもかまいません。妻が社長、夫が経理部長になって、お互いが家計に関心をもつようにします。

社長は、会社の大まかな方針を決めるのが仕事です。それは家庭であっても同じこと。社長として、4大固定費の枠に関して方針を打ち出すわけです。

仮に**「食費を収入の15％以内に抑える」**という方針を決めたら、あとは経理部長にその範囲内でやりくりしてもらう。方針を決めて、任せるのです。社長が細かいところまで口を出したら、現場のやる気がなくなってしまうのは、会社でも家庭でも一緒でしょう。

もちろん夫婦で話し合って方針を決めるのが理想です。細かい管理は几帳面なほうがすればいいですが、**片方がただ丸投げするのはダメです。**ちゃんと方針どおり、計画どおりになっているかをチェックして、お互いに確認し合う。これで、家計が破綻することはないでしょう。

答え

理想は、お互いの収入と支出を透明化して、「ふたりで管理する」こと。それが無理なら、せめて月に1回「貯蓄の総額」だけは明らかにすること。片方に「丸投げ」「お任せ」するのは、すごくキケン！

質問 19

夫婦の口座は、「同じ銀行」にするか、「ちがう銀行」にするか。資産が増えるのは、どっち？

以前に**「銀行は連結で審査する」**というお話をしましたよね。親子で同じ銀行、とくに信用金庫に口座をひらけば、親の信用を子どもは引き継ぐことができます。

これは、**夫婦でも同じこと**。

夫婦が同じ信用金庫に口座をひらき、お互いがそこをメインバンクとして活用する。コツコツと積み立てをしている姿を銀行に見せれば、夫婦の信用は高まります。

夫がメガバンク、妻が信用金庫、という具合に別々のメインバンクだとしたら、どうでしょう？

夫の給料はメガバンクに振り込まれ、夫はその一部を積み立てに回し、一部を生活費として妻に「手渡す」。妻は渡されたお金を信用金庫に預け、それを毎月、つかい果たす。

このケースだと、個人である夫が少々の積み立てをしても、メガバンクにとっては小さな顧客にすぎず、信用残高を積み上げるまでにはいたりません。

妻はというと、信用金庫にお金を預けるものの、毎月ギリギリやりくりしながらつかい果たして「貯める」ことができないわけですから、信用金庫に対しても信用残高を積み上げることはできません。

長年、銀行と取引しながら、夫婦そろって**「まったく信用されない」**お客さんにしかならない。これでは、もったいない。

夫婦で信用金庫に口座をつくる

会社員は、会社から、給料の振込銀行を指定される場合もあります。この場合、おそらくメガバンクのことが多いでしょう。

であれば、**その口座は利便性の意味で残しつつ、信用金庫に口座をつくって、給料が入ったら「定額自動送金」システム（88ページ参照）をつかって、毎月、決まった日に、決まった金額を信用金庫に送金すればいいのです。**

たとえば、給料の1割だけを残して、9割は信用金庫の口座に送金するんです。

妻も同じ信用金庫に口座をつくり、収入がある場合は、その口座に振り込んでもらうようにする。

子どもがいる場合は、子どもの口座もそこにつくる。

自分たち夫婦と子ども、そして親の3世代で同じ銀行に口座をつくって、信用残高をどんどん増やしてください。これによって、信用金庫側は「この家族はうちをメインバンクにしてくれている」と好印象をもってくれます。あなたは、ローン、融資、人の紹介など、銀行からさまざまな応援を引き出しやすくなります。

「代理人カード」をつかって、ひとつの口座を夫婦で共有する

夫婦で口座をどのようにつくればいいか、整理しておきます。

1 妻が専業主婦の場合

専業主婦の場合であれば、通帳を夫との「共有」にしたほうがいいでしょう。

夫の通帳を夫婦の「共通の口座」とし、夫婦それぞれがキャッシュカードをもつようにします。銀行には**「代理人カード」**というものがあり、ひとつの口座であっても、2枚のキャッシュカードをもつことが可能です。

そのメリットは、**「お互いが預金の残高を見られる」**こと。夫婦のお金を透明化することができるので、ムダな支出がないかチェックすることができます。

2 夫婦共働きの場合

夫婦共働きの場合は、メインの口座を一緒にしたくない、という人も多いでしょう。「支出の内容を細かく見られるのはイヤ」という人もいます。

この場合は、**貯蓄だけを目的とした「共通の口座」をつくっておくといいでしょう。**

たとえば、お互いに収入の「20％」をその口座に入れる、などのルールを決めておく。収入に差がある場合は、ふたりの割合をかえてもかまいません。

お互い、残りの金額から「生活費」を出し合い、残った分は「自由に」つかってかまわないというルールにします。

これなら、「貯蓄額」は透明性を、「支出」は秘匿性を確保できます。

つかいすぎや借金の予防にもつながるでしょう。

夫婦の通帳の使い方

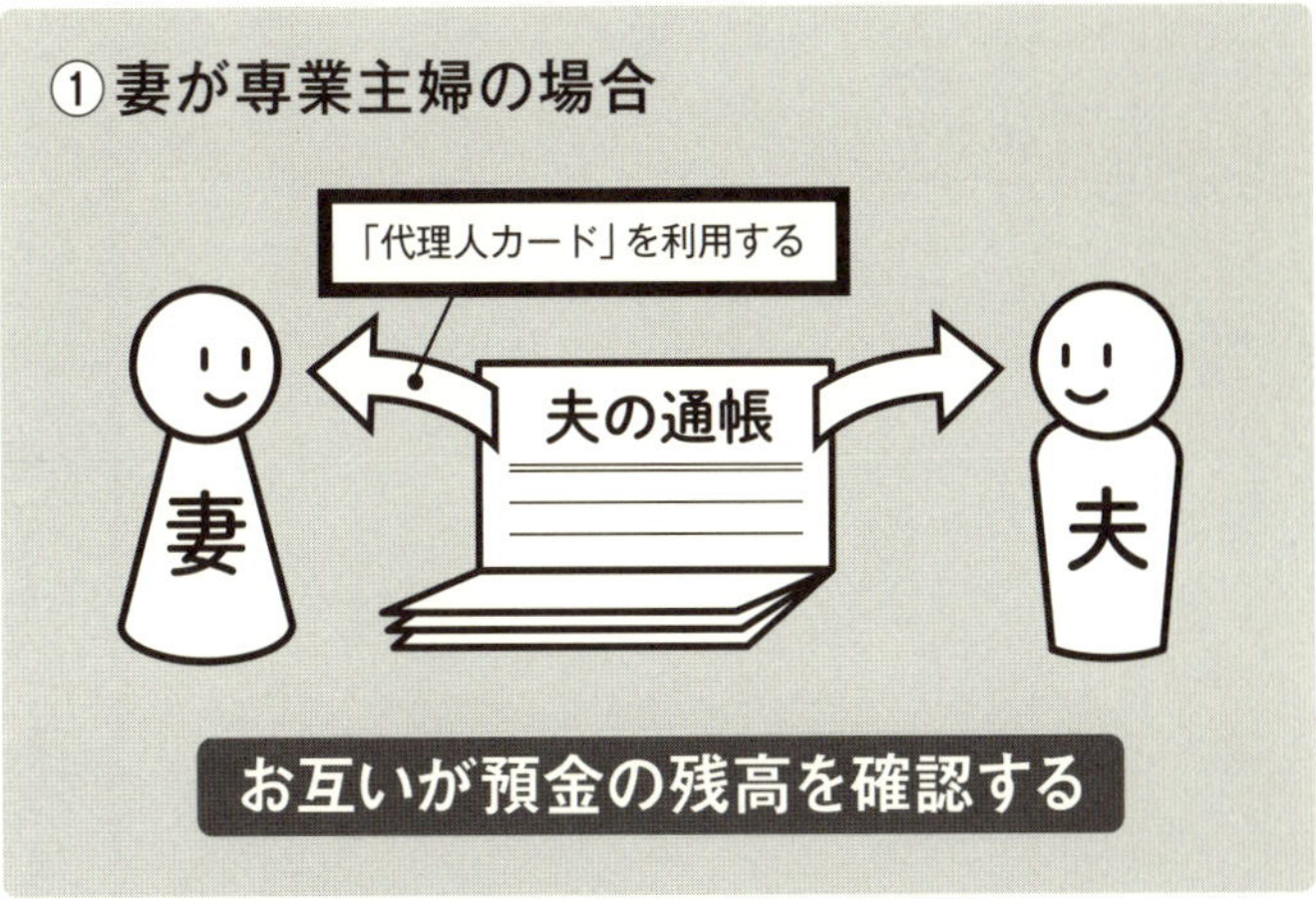
①妻が専業主婦の場合
「代理人カード」を利用する
夫の通帳
妻
夫
お互いが預金の残高を確認する

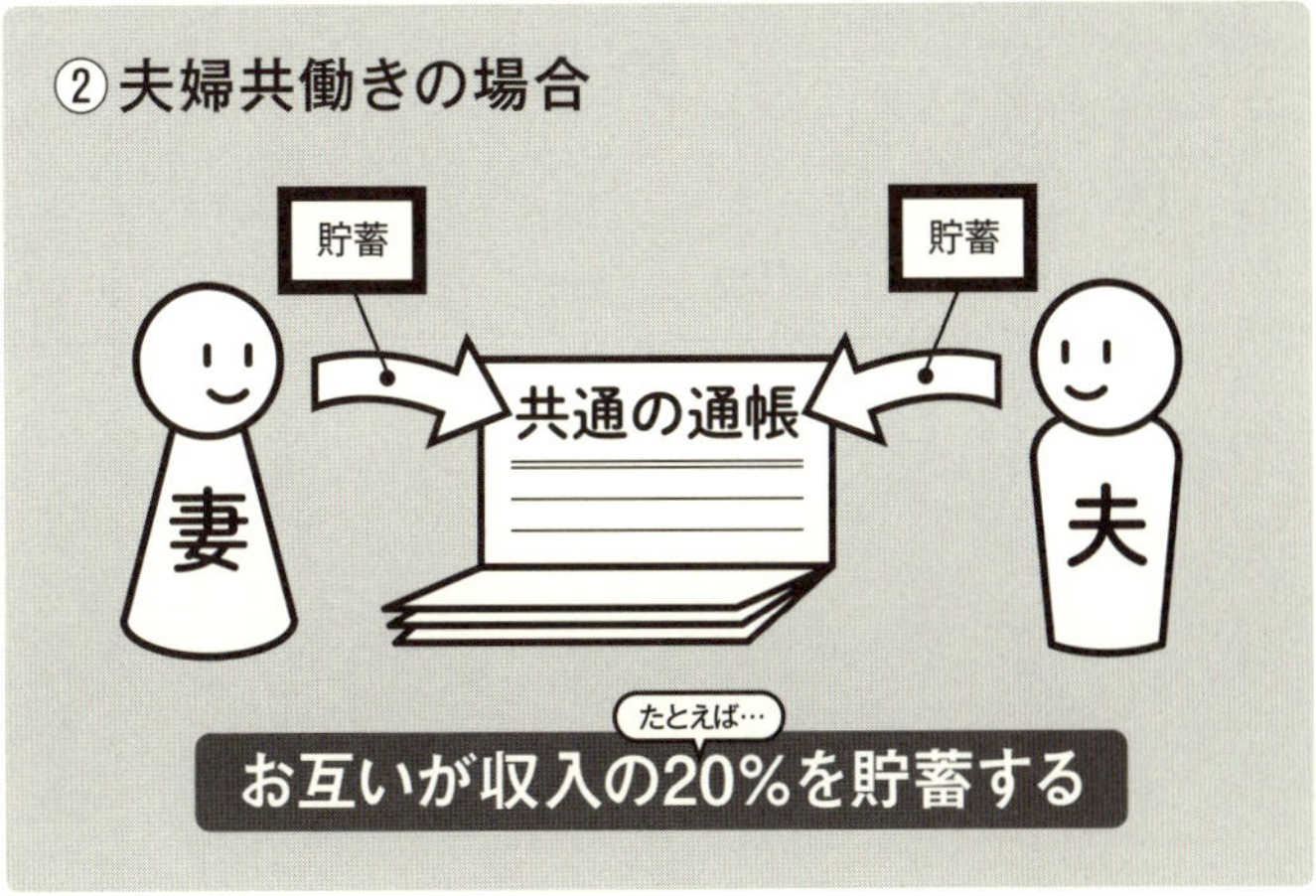
②夫婦共働きの場合
貯蓄
貯蓄
共通の通帳
妻
夫
たとえば…
お互いが収入の20%を貯蓄する

借金していないか見破る方法

それでもパートナーに「隠れ借金」があるかもしれません。そこで私の銀行員としての経験から、後ろめたい借金があるかどうかを見破るポイントをお伝えします。

1 よく見栄を張る

よく遅刻する人、整理整頓が苦手な人はもともとだらしないわけですから、お金にも無頓着です。また見栄っ張りな人は、とくに要注意です。調子のいいことを言ったり、周りの人に自慢したりする人は、お金に困った場合に借金に走りがちです。

2 金づかいがあらい

浪費家も借金しやすい。ブランド品などの買い物が多いためにカード破産してしまう女性がいます。金づかいがあらい人は、借金に手を出しやすい。当然のことですね。

3 急に郵便物をチェックする

借金をすると、クレジット会社などから電話がかかってきます。郵便物も届くようになります。こそこそと電話に出たり、いままで見向きもしなかった郵便物をよくチェックしたりするようになれば、注意が必要です。

4「オレを信用できないのか！」と言う

「オレを信用できないのか！」「私を信用してよ！」と自分から言うのは、逆にやましいことがある可能性があります。語尾がにごる人、はっきり言わない人もあやしい。

これらは「浮気しやすい人」にも当てはまる内容かもしれませんね……。こういった傾向を参考にして、パートナーが借金をしていないか注意してみてください。

答え

専業主婦は、夫と同じ口座にして「代理人カード」を利用する。共働きなら「貯蓄用の口座」を共有にして、お互いに貯蓄額を確認できるようにする。

質問 20

夫婦が、「それぞれ」貯めるか、「一緒に」貯めるか。貯金が増えるのは、どっち？

さて、あなたたち夫婦は、なんのために**「貯金」**していますか？

老後の生活のため。
子どもの教育費として。
とにかく先が不安だから。

いろいろな理由があるでしょう。
貯金って、けっこうネガティブな感情をともなうものです。

貯金がないと、老後が苦しい……。
貯金がなかなか、貯まらない……。
貯金しないと……、貯金、貯金、貯金……。

でも、せっかくですから、**もっと楽しく貯めたほうがいい**ですよね。

通帳に「夢」を！

そのために、私は、**通帳の表紙に「夢」を書いてはどうかと考えています。**たんに、生活のためにお金を貯めるのではなく、5年後、10年後にどうなっていたいか、なにを実現したいかを夫婦で話し合い、それを通帳に書くのです。

たとえば、夫はいつか**「アパート経営をしたい」**と考えているとします。会社勤めを辞めたあと、不労所得を得ようと夢見ているのです。

この場合、通帳の表紙に、

「5年後　アパート経営スタート」

と書いて、そのためにはいくら必要かを計画するわけです。

一方、妻は**「ビーズ教室を開きたい」**と夢見ているとします。長年、趣味としてやってきたビーズ。周囲からは「プロなみ！」とほめられることが多い。であれば、いっそのこと教室を開いてみたい。

通帳の表紙に、

「1年後　ビーズ教室を開く」

と書きましょう。

それを夢見ながら貯めていくんです。

なんだかワクワクしませんか？

夫婦の夢を「合体」させて貯金する

また、おすすめしたいのは、夫婦共通の貯蓄口座にふたりの夢を記入する方法。

通帳の表紙に、**「アパート経営」**と**「ビーズ教室」**を併記する。夫が建てたアパートの1室を開放スペースにして、妻は週に1回、そこでビーズ教室を開く。残りの日は、妻のネットワークで同じように趣味の「お教室」をやりたい奥さん仲間に声をかけて**「場所代」**をもらう。

こんな計画を立て、夫婦ふたりの夢を上手に合体して、**「共通の夢」**にするんです。

もちろん、「〇〇に家を建てたい」といったふたりの共通の夢があるのなら、それを通帳に書けばいいでしょう。

お金を貯めるために大事なのは、ワクワクすること。そうすれば、通帳の預金高が増えていく喜びもひとしおです。

夫婦ふたりがバラバラな方向を向いていると、お金は貯まりません。

「オレ、会社辞めて、そば屋をはじめようと思うんだ」

「田舎に移住して農業をしよう」

突然、夫がこんなことを言い出すケース、けっこうありませんか。

自分の都合しか考えていないから、奥さんが「なにをふざけたこと言ってるの！」となるのは当たり前です。

夢を実現するためには、自分の夢を語る前に、相手の夢を聞き出して、すり合わせることが大事。

相手が大事にしていることを、自分も大事にするんです。

親子関係と同じですね。

これによって夫婦ふたりが、ともにお金を貯める喜びを分かち合うことができ、結果として、お金が貯まっていくのです。

もし、家のタンスの中に、古い通帳が余っていれば、それを活用してもいいかもしれませんね。こうすれば、まったくつかっていなかった通帳が、**「夫婦の夢の通帳」**に早変わりします。

答え

通帳に「夢」を記入する。夫と妻がバラバラに貯めるのではなく、お互いの夢を語り合い、共有して、通帳にたくす。ワクワクしながら貯めれば、気持ちも前向きになって、お金が貯まるスピードもアップ!

質問 21

住宅ローンの金利を下げることは、「できる」か「できない」か、どっち？

あなたたち夫婦は、家（マンション）を購入してから、何年くらいたちますか？

住宅ローンを組んだとき、**「金利」**は何％だったでしょうか？

ここでは、毎月支払わなければいけない「固定費」の中でも、最も金額の多い**「住宅費」**についてお話をします。

とくに、金利のお話です。

「自分は賃貸だからカンケイない……」と思わないで。将来、戸建てやマンションを買う可能性もありますよね。ここでする金利のお話は、きわめて大切なことなので、これから先を読んでみてください。

「金利」は下げられる！

自分と夫婦の老後を考えるうえで、切っても切れない存在が**「住宅ローン」**です。

いまは非常に安い金利が適用されていますから、私はこの住宅ローンを積極的に活用して、資産を築くことを推奨しています。

そんなお話をすると、かならずこう言う人がいます。

「うちは金利が高いときに住宅ローンを組んで損したよ……」

いまのような1%に満たない金利ではなく、以前はたしかにもっと高かった。2%代、3%代の金利で、借りた夫婦もいるでしょう。

元銀行員の私が、ここで声を大にして言いたいこと。それは、

金利は交渉できる——、

ということです。銀行を相手に、金利を「下げる」交渉ができるんです。

おそらく、多くの人は家を買ったとき、不動産会社が銀行のローンもお膳立てしてくれたはずです。不動産会社がすべて用意してくれて、あなたはサインをして、ハンコを押すだけ。

一度、「固定」で取り決めた金利は、一生、そのまま。仮に10年固定の住宅ローンを組んだ場合は、10年間は金利を変えることができない。

だから、「金利交渉なんて考えたこともない」というのが一般的でしょう。

いいえ、そんなことはありません。大切なことなので、もう一度言いますね。

金利は交渉できる——。

固定費の中でも、住宅ローンの金利を下げることができれば、家計の収支を大きく改善することができます。あなたも、ためしてみるべきです。

2・5％の金利が、交渉の結果、なんと……

じつは、私が銀行に勤めていたころは、**「住宅ローンの金利を下げてほしい」**という話ばかりでした。日常業務と言ってもいいほどです。それくらい金利交渉は当たり前のことなんです。

でも、**銀行のほうから「金利を下げましょう」とは絶対に言ってきません。**当たり前ですよね。自分たちに不利な話をわざわざ宣伝する必要はありませんから。

だからこそ、「借りている側」から切り出さないと損。金利交渉は、言ったもの勝ちなんです。

私は、現在、6棟のアパートを所有していますが、以前はアパートローンを金利2・5％で借りていました。しかし、**銀行と金利交渉した結果、なんと0・7％まで金利を下げることができました。**

これによって収益は大幅に改善され、事業をきわめてやりやすくなりました。

では、どんな場合に、銀行は金利を「下げて」くれるのでしょうか。

銀行はお金を「返される」と困る!?

金利交渉をするためには、まず、銀行側の考え方や事情を知る必要があります。銀行の収入源は利息収入、つまり金利です。しかも住宅ローンは、銀行が保険に入っているので、ほとんど貸し倒れが起きない良質な貸金です。「宝物」と言ってもいいでしょう。できることなら、金利を下げる交渉などしたくありません。

しかし、銀行が、交渉を受けざるをえない状況が、ひとつだけあるんです。

ほかの銀行に、「借り換え」をされそうなときです。

銀行にとって「宝物」である住宅ローンを、ほかの銀行に奪われるのはつらい話です。銀行には住宅ローンの「残高目標」というものがあります。たとえば、「半年間で住宅ローンの残高を5億円増やす」などといった目標です。回収しやすい住宅ローンですから、「できるだけ貸せ！」というのが銀行の本音。

とくに、昔の高い金利で貸した人は、最高のお客さんです。なので、「残りの2000万円を、ほかの銀行に借り換えるので、おたくには全額一括返済します」と言われたら大変ショックを受けるんです。

目標に向かって動いているのに、急に2000万円を返されてしまったら、別の人に2000万円を貸さなければ目標到達がきびしくなります。

つまり、**銀行はお金を「返されると困る」わけです。**これを上手に活用するんです。

「借り換え」をしたほうがメリットがある3つの条件

そもそも、金利交渉などしなくても、他行に話をして、いまの金利より安く貸してくれるなら、そのまま「借り換え」をしてしまってもいいわけです。いま借りている銀行の担当者はショックでしょうが、あなたの生活費を大きく改善できるなら、仕方ありません。

ただし、この「借り換え」、だれでもやったほうがいいわけではありません。私は、借り換えをする場合は、以下の条件を設定しています。

1 ローンの残高が「1000万円以上」残っている
2 返済期間が「10年以上」残っている
3 借り換えることで、金利が「1％以上」改善できる

この3つの条件にすべてあてはまる場合は、「借り換え」を検討すべきです。逆に、ローンが1000万円以下、10年以下であれば、借り換えるべきではありません。

なぜなら、**ローンの借り換えには「諸経費」がかかるからです。**銀行によって金額は異なりますが、ローンの額によっては50万円以上かかる場合があります（くわしくは、各銀行で確認してください）。

金利差が1％以上というのも重要です。現在2・3％で借りていて、2・1％に変更になったとしても、あまりメリットがないですよね。諸経費で赤字になってしまうかもしれません。

でも、1・3％になるのであれば、借り換える意味が出てきます。

わりと前に借りている人であれば、2％以上の人も多いはず。最近の最低金利は0・8％くらいですから、**少なくとも「1・8％以上」の金利で借りている人は、他行に相談してみる価値はあります。**

これが〝銀行員流〟交渉テクニック！

さて、以上の3つの条件に合う人は、ぜひ、他行に行って「借り換え」が可能かを確認してみてください。現在A銀行で2000万円、金利2・3％で借りている人であれば、他のB銀行に行って**「1・2％で貸してもらえませんか？」**と聞いてみるんです。1％以上の改善を狙いつつ、現在の市場金利よりは少し高い金利を提示するわけです。

Ｂ銀行にとっても、現状の０・８％ほどの金利と比較して、１・２％で貸せるなら優良な顧客になります。

こうして**「仮審査」**を受ける。

そして、もしＯＫが出たら、ここからが腕の見せどころです。

その結果を、いま借りているＡ銀行に伝えるんです。


「じつは借り換えを検討していて、Ｂ銀行さんは１・２％で貸してくれると言っています。でも、できることなら、これまでどおりＡ銀行さんとおつきあいしたい。だから、金利の引き下げを検討してもらえませんか？」


いちばんいいのは、いま借りているＡ銀行が、Ｂ銀行と同じか、それ以上に金利を下げてくれることです。

Ｂ銀行に借り換えた場合は、それなりの諸経費がかかりますから、同じ金利なら、引き続きＡ銀行で借りていたほうが得です。仮に、ほんの少し高い金利だったとしても、諸経費を考慮したらそのほうが得かもしれません。

A銀行との間に長年、信頼関係を築いてきたのなら、それを大切にしたほうがいいとも言えます。

逆に、本書でさいさんアドバイスしてきたとおり、**「これから」信用金庫をメインバンクにするのであれば、その信用金庫に「借り換え」の話をすれば、「この人はうちをメインバンクにしてくれようとしているんだな」と思ってもらうことができます。**

交渉のときのポイントは、**上から目線にならないこと。**「お宅がダメなら、他行に行くからいいよ！」という態度をとってしまうと、相手の心証を悪くしてしまいます。交渉内容は強硬だとしても、きちんと頭を下げて、丁寧にお願いするほうが、担当者も行内調整を「やる気」になります。

それでも金利を下げてもらえない場合は、B銀行での借り換えを本気で検討すればいいわけです。

銀行は「晴れている人」にしか傘を貸さない

このケースで大切なことは、**B銀行に「本当に」借り換えの仮申請をすることです。** 話がすべてウソで、じつは他行と話をしていないような人を、銀行はかんたんに見抜きます。

仮に、あなたが銀行以外からもいろいろな借金があるとします。それらを隠し、A銀行に対して「B銀行が貸すと言ってるんだよ」と強硬に出たところで、A銀行は「本当にB銀行が貸すかどうか」を一発で見抜いてしまいます。

銀行では**「個信をとる」**という言い方をします。「個信」とは、個人信用情報の略。その人が、どこから、いくら借りているのか、かんたんに調べることができるんです。借金だらけの人が「B銀行は貸すと言っている」と言ったところで、A銀行は「この人にお金を貸す銀行はない」ということがわかります。

ですから、**住宅ローン以外の借金が少ない「黒字の人」でないと、交渉になりません。銀行は、「晴れている人」にしか傘を貸さないのです。**

「生活が苦しいから金利を下げてください」と言っても、銀行は絶対に首をタテに振りません。逆に、**そんな「赤字の人」に対しては、金利を上げたいくらいです。**

金利交渉ができるのは、晴れている人。毎月の収支がプラスで、借金が少ない人です。自分が晴れている人かどうか見きわめるためにも、他行に「借り換え」の相談をしてみるのがいいかもしれません。「仮申請」が通れば、あなたは晴れた人の可能性が高い。もともとローンを借りている銀行とも、うまく交渉できる可能性が高まります。

住宅ローンの金利交渉は、家計を改善する大きなチャンス。ぜひ、検討してみてください。

答え

「住宅ローン金利」を下げることができれば、家計は大きく改善できる。他行に「借り換え」の申請をして、通りそうなら、いま借りている銀行にその旨を伝えて交渉する。「晴れている人」なら、銀行は交渉に応じる可能性あり！

質問22

通帳と印鑑の置き場は、「タンス」か「金庫」か、どっち？

あなたは通帳と印鑑を、自宅のどこに保管していますか？

玄関の近くに無造作に置いている人、タンスの中に入れている人、あるいは冷蔵庫に隠している人もいるかもしれません。

思いもよらない場所に、「へそくり」を隠していたりして……。まあ、そこは詮索しないようにしましょう。

ここでは、通帳と印鑑の保管方法について、お話をします。

3つの選択肢がある

通帳と印鑑についてのリスク要因は、「盗難」と「災害」の2つです。どちらが起きても、守れるように保管しておく必要があります。

つぎの3つを検討してみてください。

1 通帳と印鑑を「別々」に保管する

2 丈夫な「金庫」を活用する

3 銀行の「貸金庫」を活用する

ひとつずつ、見ていきましょう。

1 通帳と印鑑を「別々」に保管する

ついついやってしまうのは、「大切なモノ」を1か所にまとめてしまうこと。通帳と印鑑を一緒に盗まれてしまうと、悪用される危険性が一気に高まります。

そのため、**通帳は「洋服ダンス」に、印鑑は「リビングの引き出し」に、**という具合に2つを別々のところに保管する方法が有効です。

2 丈夫な「金庫」を活用する

耐火性の高い「金庫」を購入すれば、便利です。火事や地震が起きても、金庫に入れておけば、リスクを減らすことができます。

また、金庫があるだけで、泥棒にとっては負担になります。

私の知人に過去2回も泥棒に入られた人がいます。

その人が警察官から聞いた話によると、**最近の泥棒は、部屋中を荒らすようなことはしないそうです**。ピッキングでカギをササッと開けて、2～3分程度で金目のものを盗んで出ていく。

その知人も、帰宅後、泥棒に入られたことにしばらく気づかなかったようです。そのため、警察に通報するまでに何時間もたっていました。おそらく泥棒は逃げる時間を確保するために、いかにも**〝泥棒が入りました〟**というふうには部屋を荒らさないのでしょう。

泥棒に「盗みにくい」という心理的な負担をかける意味でも、運びにくく、開けにくい金庫に入れておくといいでしょう。


余談ですが、その知人が警察官から聞いた話では、マンションの外壁の修繕工事などの際に設置される足場があるときは要注意とのこと。

その足場をつたってくれば、外側にシートがかけられていて見つかりにくいし、家の中に人がいるかどうかも確認できます。作業員のかっこうをしていれば、あやしまれることもありません。

こんなときは、とくに用心したほうがいいでしょう。

3 銀行の「貸金庫」を活用する

映画やドラマでときおり目にする、銀行の貸金庫。

この貸金庫に、どんなイメージをもっていますか？

一部の〝お金もち〟だけが入ることのできる特別な場所という印象があるかもしれませんね。

せっかくなので、これについてもふれておきます。

銀行によって、また、使用する金庫の大きさによって異なりますが、**年間の手数料はおよそ2〜3万円のケースが多いでしょう。**

この金額を「安い」ととるか、「高い」ととるかは、人それぞれかもしれませんね。

映画では、しばしば「侵入」される貸金庫ですが、現実にはそうはいきません。銀行の中で、最も厳重に警戒されている場所ですから、ここに預けておけば、まず、大丈夫です。年間数万円で、大きな安心を買えるので、検討する価値はあります。

リスク管理をきちっとしている資産家たちの中には、ここに通帳や印鑑を保管している人がいます。

この貸金庫、すごいお金もちじゃなくても、使用することが可能です。

ただ、申し込みが多い場合は、「定期預金をしてください」などの条件を要求される場合もあります。

また、審査もあります。銀行側にとって、不審な人に貸金庫を貸すわけにはいきませんから、「どんな取引をしている人か」「預金をちゃんともっているのか」などの審査があるんです。

その人が**「メインバンク」**にしてくれていることが最低条件となります。

貸金庫であれば、災害の心配もあまりありませんし、盗難のリスクもありません。最も安全な管理方法と言えるでしょう。

貸金庫を借りると、信用が高まる!?

銀行側にとって、貸金庫を設置する目的は「手数料」だけではありません。取引を自分のところに集約してもらうためでもあります。

〝出を制すれば、入を制する〟という考え方。

急に「口座をつくってください」「年金口座をください」などと言っても、なかなか口座をつくってもらえません。メインバンクにしてもらうのも難しいことです。

そこで、まずはお客さんに貸金庫を借りてもらう。お客さんにしてみれば、貸金庫を借りている銀行をメインバンクにするほうが便利なので、資産をその銀行に集めるようになる。

つまり、〝出〟のところの貸金庫を貸すことで、〝入〟のところのメイン口座もいただこうというわけです。

逆に言えば、**貸金庫を借りることで、あなたも銀行の信用を高めることができます。**

銀行からすれば、貸金庫を借りてくれているお客さんは**「特別」**ですから、あなたもそんなお客さんになることができます。

信用金庫に口座をつくり、コツコツと貯蓄をし、さらに貸金庫を利用すれば、信用金庫にとってあなたは「特別」な顧客です。

いざというときにはお金を借りやすくなるでしょう。

通帳や印鑑を貸金庫に預けると、日々の利便性は悪くなってしまいますが、このように、通帳や印鑑の保管方法ひとつ取っても、将来のために役立てることができます。

資産家やお金もちたちは、貸金庫を活用することで、銀行とのパイプを太くしていくのです。

答え

災害のリスクを考えると、自宅の「タンス」よりも、「金庫」のほうが安心。銀行の「貸金庫」をつかえば、災害と盗難のリスクを減らすことができ、銀行からの信用を高められる効果もある。

質問 23

妻が働くなら、「パート」か「起業」か。家計が得するのは、どっち？

喫茶店をやっていると、じつにいろいろな人たちの「悩み」がわかります。顔なじみのお客さんも多く、毎日のように「ねえ、菅井さん、どうしたらいいかしら?」と相談をうけます。

最近、とくに多いのは、50歳前後の女性たちの**「これからどんな仕事をしようかしら……」**というものです。

子どもが大きくなり、以前より「自由」な時間ができた。**「好きな趣味を、仕事にできないかしら?」**。そう感じている女性が多いようです。

「好き」を仕事にして、お金をいただく。こうなれば、ワクワクした日々が過ごせるし、家計にもプラスですから夫も喜ぶはずです。

なにも大金もちになりたいわけではなく、身の丈に合った範囲で、自分の得意なこと、好きなことをいかしたい。

私はそんな人たちを応援したいと思って、自分の喫茶店を勉強会のサロンとして貸し出したり、銀行とのつきあい方や会社のたちあげ方について、相談にのったりしています。

得意なこと×信用金庫

ある50代の女性は、会社をつくって、シニアサロンを立ち上げました。

彼女はピアニストなのですが、なかなか発表の場がないことをなげいていました。

小規模のコンサートをしようと思っても、会場を押さえたり集客したりする事務的なことができない人も多い。ならば、「自分が事務的なことをして、音楽家の役に立ちたい」と考え、私のところに相談にやってきました。

「集客や場所について、○○信用金庫に相談してみてはどうですか？」

私はそうアドバイスをしました。なぜなら、**信用金庫の課題は「地域のコミュニティづくり」です。地域に住んでいて、とくにお金をもっている中高年、高齢者層とのパイプを強くし、自分の銀行と取引してくれる人を増やす。これが信用金庫の望みです。**

彼女は、元気がよくて、人脈も豊富。地域の「おばちゃん仲間」もたくさんいます。そんな彼女が相談すれば、信用金庫側も協力する「メリットがある」、と判断するのではないかと思ったのです。

彼女が相談に行くと、信用金庫はやはり飛びつきました。

「私どもにできることはさせていただきます」

そう快諾した信用金庫の営業マンは、**彼女がつくったコンサートのチラシを、自分のお客さんたちに配ってくれたんです。小さなコンサートができる場所も探してくれたようです。**信用金庫のお客さんの中には、テナントを募集している不動産オーナー、つかっていない部屋をそのままにしている地主さんなどがいますから、信用金庫からそういう人に働きかけて、コンサート当日だけ安価で貸してもらうわけです。

彼女には、音楽家とのネットワークがある。

信用金庫には、いろいろな人脈がある。

これを上手に組み合わせて、コンサートを開くことを**「事業化」**したわけです。もちろん、事業資金は、この信用金庫に相談することができます。

いまでは、毎回、20〜30人くらいのシニアのお客さんが集まってくれます。たとえば会費を3000円として、演奏家に1000円、会場代に1000円、そして彼女に1000円、という具合に分ければ、それぞれ2〜3万円の収入になります。

これを月に何回か開催すれば、自分の得意なことや趣味をいかしながら、家計にも役立つ、ワクワクな時間が過ごせるわけです。

ちなみに、私の喫茶店「スジェールコーヒー」も会場として利用してもらっています。喫茶店は、朝の10～12時は、あまりお客さんが来ないので、その時間にイベントをしてもらうんです。みなさんにコーヒーを1杯飲んでもらえれば、こちらも助かります。**同じように思っている喫茶店は、地域にひとつやふたつはあると思いますので、「場所」が必要なときは相談してみるといいでしょう。**

イベントの最後には、信用金庫の支店長が登場。あいさつをして、「リフォームローン」などの商品説明をするわけです。はい、これが「お約束」。

こうすれば、信用金庫にとっても営業の場になる。音楽家にとっては発表の場になるし、喫茶店にとっては集客してもらえる。お客さんも本格的な音楽を聴くことができるし、仲間同士で集まる喜びもある。みんながハッピーな仕組みのできあがりです。

これらはなにも「女性」にかぎった話ではありません。

ビーズ教室

ヨガ教室
英会話教室
アートフラワー教室
絵の教室
写真の教室……
自分の得意なこと、好きなことを「仕事」にしたい。そんな人は、ぜひ、地域の信用金庫に相談してみてください。信用金庫側にもメリットがあるように考えれば、とても心強い味方になるはずですよ。

答え

おもいきって「起業」すべし！　自分の「好きなこと」「得意なこと」を仕事にすれば、ワクワクしながら稼げる。地域の信用金庫にもメリットがあるように「設計」して、みんなをハッピーにして！

質問24

退職金は、「運用」するか、「放置」するか。老後が豊かになるのは、どっち？

「退職金」の使い道は、夫婦にとって、今後の生活設計をするうえで、きわめて大切です。

これまでもお話をしてきたように、**「まとまった額」**の退職金が入ると、金融機関からアプローチがあります。

「これだけのお金を、ただ寝かせておくなんてもったいない。しかも、預金のまま置いておくと、インフレになったら実質価値は下がってしまいます。インフレに強い資産に少しでも分散して、そのリスクを回避していきましょう。私どもの銀行では、投資信託をおすすめしておりまして……」

こんな感じでアプローチしてくるのは、口座を開いている銀行だけではありません。定年退職したことを察した各種金融機関、または不動産会社などがいろいろな**「ご案内」**をしてきます。

「たしかに、現金をただ寝かしておくのもバカバカしい。分散投資をして、運用してみよう」

多くの人が、こう考えます。

でも、「ちょっと待った！」と言いたいです。

退職金は1年間ほったらかしなさい

退職金は、「まとまったお金」です。500万円の人も、2000万円の人も、大企業なら5000万円の人もいるかもしれません。

まとまったお金を手にすると、人には「運用しないといけない」という心理が働きます。

「現金を寝かしておくなんてナンセンス」

そんなことを、これまで金融機関から徹底的に刷り込まれてきたからですね。インフレ、運用、分散投資……。現金はキケン……。

そんな心理に、老後資金を**「少しでも増やしておきたい」**という心理がプラスされて、「よし、運用しよう」という気持ちになるんです。

金融機関はそんな心理状態を見抜いていますから、いろいろな「ご案内」をしてくるわけです。

私の結論を言います。

まとまったお金が入ったら、半年~1年間は、銀行の「預金口座」に放置しておきましょう。

手をつけず、運用もせず、そのまま、そのまま。

理由は大きく2つあります。

理由その1 「現金のリスク」などない

金融機関は「現金で置いておくのはリスクです」と言いますが、本当にそうでしょうか？ 10年間そのままにしておけば、経済状況がどうなるかはたしかにわからないし、極端なインフレになっているかもしれない。

でも、**半年や1年そこら放置したからといって、価値が大きく目減りする可能性などきわめて低いのです。**

銀行に手数料を支払って、リスク商品を買うほうが、よほどリスクです。投資信託や株が悪いと言うつもりはまったくありませんが、**まとまったお金を「手にしたばかり」の興奮状態で判断してはいけません。**これはとてもキケンです。

もしも、夫が意気揚々と「これからは運用だ！」と言っていたら、どうか止めてあげてください。それでも言うことを聞かないときは、このページにフセンをつけて、リビングのテーブルの上にそっと置いておきましょう。うん、それがいい。

少し間をおいて、冷静になった状態で、それでも「運用したい」というのであれば、それでいいと思いますし、その間に夫婦で話し合ったり、「投資額の上限」を決めたりしておけばいいでしょう。

とにかく、興奮状態で、お金を動かしてはいけません。

理由その２ 自分が「なにをしたいか」を見つける

定年退職をすると、これから第二の人生を歩むことになります。

ところが、なかなか自分の「**やりたいこと**」が思い浮かばない、ということがあります。これまで当たり前のように会社に行っていたのに、突然、生活がガラリと変わるわけです。

これから自分はなにをやろうか……。それが見つからないうちに、退職金を投資信託にまわしたり、株を買ったりしてしまうと、あとあと「やりたいこと」が見つかったときに、お金をつかえない、という事態におちいります。

私も48歳のとき、当時勤めていた銀行を退社して、初のリタイア生活をしました。最初は、美術館めぐりをしたり、ひとりでカラオケに行って時間をつぶしたりしていました。体を動かしたほうがいいと思い、ダンスを習ったりもしました。

しかし、それでも時間は余ってしまいます。毎日、同じ繰り返しで、すぐに飽きてしまいました。だれからも相談されない。だれからも電話がかかってこない。そんな毎日……。正直、うんざりでした。

「こんな生活を死ぬまで続けるのか……」

そして、鑑賞者として美術館で絵を観る側ではなく、絵を観せる側にまわりたいと思うようになりました。**観る側ではなく「仕掛ける側」にいたい、と気づいたんです。**

もともとコーヒーが好きだったこともあり、夫婦で話し合って、喫茶店を経営することにしました。東京の田園調布の駅近くに「スジェールコーヒー」をオープンし、そこに芸術家を応援する「ギャラリースペース」をつくって絵を飾ったのです。

最近では、絵画だけでなく、陶芸、アートフラワー、アクセサリーなど、知人の作家さんたちが手がけた作品も飾り、実際に購入できるようにしました。

喫茶店のスペースを活用して、さまざまな勉強会やセミナーを開催し、こうして本も書くようになりました。

銀行を退職したばかりのときには、いまのような状況は、想像すらしていませんでした。でも、結果的に、これが私の**「やりたいこと」**だった。いま、私は毎日が楽しくて仕方ありません。

もしも、**退職金で株を買っていたら、喫茶店をオープンできなかったかもしれない。株が下がっていたら、かんたんには換金できないのですから。**

結果的に、半年間、お金をそのままにして、ブラブラしながら「人生を考えた」からこそ、道が見つかったんです。

「まとまったお金」は、夫婦の「夢」を実現する大きな武器です。だからこそ、あわてて運用や投資にまわさずに、使い道をじっくり考える時間をつくってください。

そして「夢」が見つかったときに、おもいきって、活用すればいいのです。

答え

「まとまったお金」を興奮状態のときに動かしてはいけない。冷静に、冷静に。「退職金」が入ったら、半年～1年は放置しよう。その間に「やりたいこと」をじっくり考え、見つかったら、ゴー！

エピローグ

私の知人の長野県に住む高齢のご夫婦は、東京で暮らす息子さん夫婦が「孫」を連れて帰省したときのために、自宅を改築しました。孫が泊まっても不便がないよう、庭に小さな部屋を増築し、それにともなって自宅のさまざまな部分を改築しました。

かかった費用は、700万円。

それでも、その高齢のご夫婦は、こう考えました。

「年1回でも、息子夫婦と孫が帰ってきたときに、快適なほうがいいだろう。そのためなら、700万円も、惜しくはない」

そして、孫が泊まりにくるのを楽しみにしていました。息子さんをびっくりさせようと、改築したことは内緒にしておきました。

あるとき、息子さんから連絡が入ります。

「おふくろ、オレ、アメリカに転勤することになったんだ。5年くらいは一家で向こうに住むことになると思う。向こうでの生活に慣れなきゃいけないし、日本には当分、帰ってこられないかもしれない……」

ご夫婦からすれば、寝耳に水でした。孫のために、700万円もかけたのに……。

よくよく聞いてみると、商社に勤めていた息子さんの転勤は、以前から予想できた「規定路線」だったようです。結局、改築の件は、息子さんに言えませんでした。

このご夫婦は「よかれ」と思ってやったんです。では、なにが問題だったか。

ご両親は、息子さんの近況をほとんど把握していませんでした。一方、息子さんも、ご両親にほとんど連絡をとらず、親の経済状態や相続に対する考え方について、まったく関心をもっていませんでした。

その結果、親の財産「700万円」はほとんどムダになってしまったのです。

この親子がどうすればよかったか、ここまで読んでくださったあなたには、もうおわかりですよね。

親子で「ライフプラン」や「お金」の話をしっかりしておけば、こんなことにはならなかったはずなんです。

親子、夫婦で「お金」の話をすることを、タブーにしてはいけません。日ごろからコミュニケーションをとり、お互いの考え方を知っておきましょう。**「お金のことを考える」ことは、「家族のことを考える」ことです。**

そして、その考えを家族みんなでシェアしてください。そうすれば、あなたひとりでは解決できなかったことも、解決できるかもしれません。

もし、「親」が経済状態や資産内容について、まったく教えてくれないとしたら……。

もし、「子ども」にお金の教育をしなければ、と感じているとしたら……。

もし、「夫」が浪費家で困っているとしたら……。

もし、「妻」にお金を管理するチカラがないとしたら……。

そんなときは、リビングのテーブルの上に、そっとこの本を置いておきましょう。

そうすればきっと、「いまのままでは、いけないかも……」と危機感をもってくれるのではないでしょうか。

あなたの家族が、一丸となって、豊かになっていくことを、心より願っています。

家族のお金が増えるのは、どっち!?

発行日　2015年4月27日　第1版第1刷
発行日　2015年5月25日　第1版第3刷

著者　菅井敏之

デザイン　鈴木大輔、江崎輝海（ソウルデザイン）
編集協力　森秀治、川田智里
校正　柳元順子

編集担当　黒川精一、栗田亘
営業担当　増尾友裕
営業　丸山敏生、熊切絵理、石井耕平、菊池えりか、伊藤玲奈、網脇愛、櫻井恵子、吉村寿美子、田邊曜子、矢橋寛子、大村かおり、高垣真美、高垣知子、柏原由美、菊山清佳、大原桂子、矢部愛、寺内未来子
プロモーション　山田美恵、浦野稚加
編集　柿内尚文、小林英史、杉浦博道、伊藤洋次、舘瑞恵、片山緑、森川華山
編集総務　鵜飼美南子、高山紗耶子
メディア開発　中原昌志
講演事業　齋藤和佳、高間裕子
マネジメント　坂下毅
発行人　高橋克佳

発行所　株式会社アスコム

〒105-0002
東京都港区愛宕1-1-11　虎ノ門八束ビル
編集部　TEL：03-5425-6627
営業部　TEL：03-5425-6626　FAX：03-5425-6770

印刷・製本　株式会社廣済堂

Printed in Japan ISBN 978-4-7762-0865-5

アスコムの大好評ベストセラー!

お金が貯まるのは、どっち!?

40万部突破!

お金に好かれる人、嫌われる人の法則

元メガバンク支店長
菅井 敏之 [著]

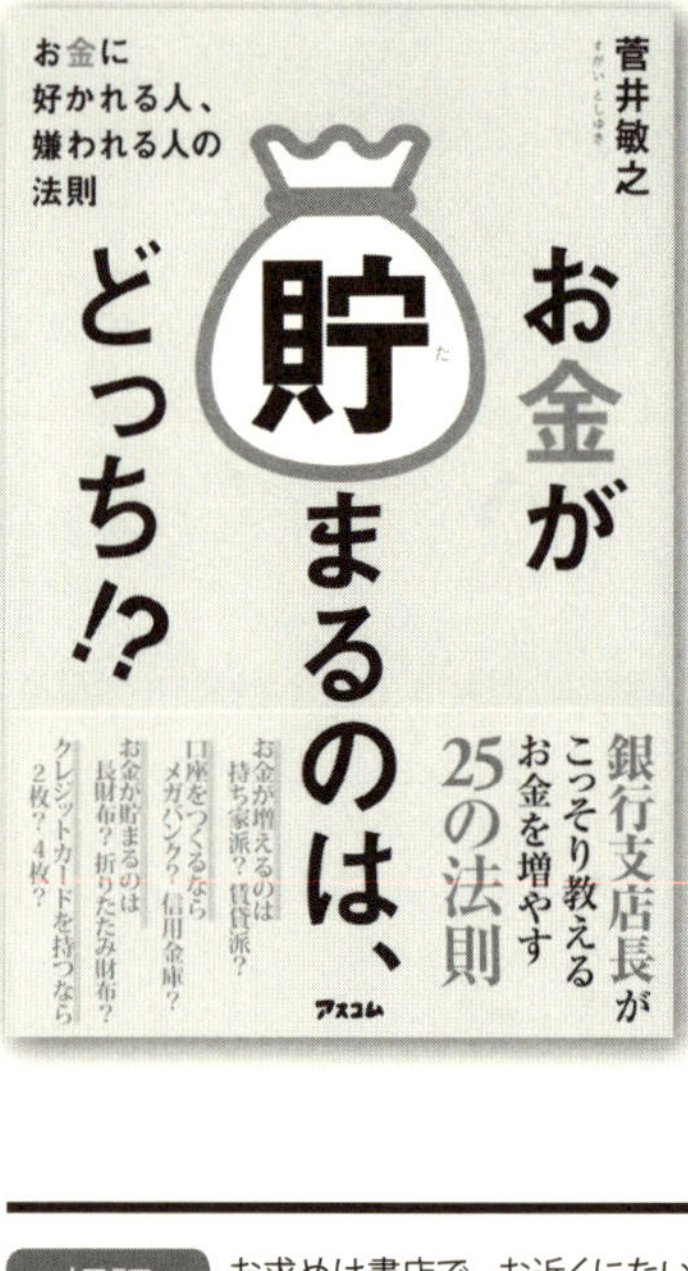

元銀行支店長がこっそり教えるお金を増やす25の法則

質問 1　クレジットカードを持つなら、2枚と4枚、どっち?

質問 3　メガバンクと信用金庫、口座を開くならどっち?

質問 16　セールで買う人、買わない人、得するのはどっち?

質問 20　持ち家派、賃貸派、お金持ちになるのはどっち?

ほか

本体 1,300円 + 税

好評発売中!

お求めは書店で。お近くにない場合は、ブックサービス(株) ☎0120-29-9625までご注文ください。アスコム公式サイト(http://www.ascom-inc.jp/)からも、お求めになれます。